유능한 사장의

현장 회계 숫자 읽기

유능한 사장의 

현장 회계 숫자 읽기

가네코 아키라 지음 | 김종필 옮김

중앙경제평론사

| 추천사 1 |

우리나라의 산업 발전이 한창이던 1980년대부터 지금까지 대기업과 중견기업에 몸담아 오면서 우리나라 기업들은 물론 일본 기업들이 겪었던 역경과 시련, 또 그것을 극복해 내는 능력과 노력을 직간접적으로 경험하였다. 무한경쟁의 비즈니스 세계에서는 성공한 기업의 결과만이 사람들에게 회자되지만, 그 성공이라는 것은 기업의 경영 활동 속에서 조직 구성원들이 각고의 노력을 경주한 결과물의 합이라는 사실을 부인하기 어려울 것이다.

이러한 조직 구성원들의 능력을 최대한 발휘하게 하는 CEO는 마치 연주자의 세세한 음 하나도 놓치지 않는 치밀함, 작곡가의 음악 세계를 완벽하게 해석해 내는 통찰력을 겸비하여 오케스트라를 지휘하는 마에스트로와 같다고 볼 수 있다. 유능한 CEO는 기업의 마에스트로로서 주주와 임직원, 협력회사와 고객을 위해, 나아가서는 지역 사회와 국가를 위해 기업의 성장을 도모하고 이익을 지속적으로 만들어낼 수 있는 역량의 소유자여야 한다.

본 역서에서는 전문경영인 체제의 주식회사로서 1970년대부터 지금까지 반세기 동안 무수히 많은 불황과 역경을 극복하고 오히려 더 화려한 성장을 구가해온 기업의 성장사를 엿볼 수 있다. 그뿐만 아니라 CEO의 역량을 평가하고 CEO가 갖춰야 할 덕목을 제시하던 종래의 책들과는 달리, 자사의 성공 요체가 무엇인지를 CFO가 자문하면서 특이하게 '숫자'를 통해 그 답을 알아보는 과정을 담고 있다.

회계와 경리에 관련된 책이 흔하고 경영의 요체를 알려주는 책도 많지만, 본서는 회사 경영에 직접 참여했던 재무·경리 담당 임원이 회사 경영에서 나타나는 '숫자'를 통하여 그 숫자가 가지는 의미, 기업의 성공 요인 등을 살펴봄으로써 회사 경영의 핵심 포인트를 파악할 수 있도록 알려준다는 점에서 특별하다.

숫자가 넘쳐나는 회사에서 유능한 CEO만이 읽어낼 수 있는 최소한의 '숫자'를 통해 경영 현황을 파악하는 방법을 알려주는 책이다. 그래서 경영자들은 물론 회사에서 중추적인 역할을 하고 있는 중간 관리자뿐만 아니라, 미래에 회사를 경영하겠다는 큰 꿈을 가진 젊은이들에게도 일독을 권하고 싶다.

㈜ 다하미커뮤니케이션즈 대표이사 박용립

| 추천사 2 |

역자는 국내 대기업의 일본 주재원으로 근무하던 시절, 영업 담당자로서의 업무뿐만 아니라 일본 기업의 경영 현안에 많은 관심을 가졌었다. 좋은 책의 번역을 통해 우리가 참고할 수 있는 내용을 소개하며, 한국 경제에 도움이 될 소재에 대한 이야기를 나누었던 기억이 생생하다. 이 책의 번역을 통하여 다시 한번 본인의 믿음을 몸소 실천한 것으로 생각한다.

경리나 회계 업무를 담당하는 직원들의 입장에서는 숫자를 정확하고 완전하게 기록하는 것이 중요하다면, 기업의 실적에 의하여 매년 스타 경영자가 새롭게 나타나고 사라져 가는 현실에서 경영자로서는 기업의 숫자를 어떻게 보아야만 할까?

시대의 조류와 경영 환경도 급변하는 상황에서, 기업 활동의 실적을 대변하는 숫자는 기업 규모의 대소와 신구의 구분 없이 매우 중요한 의미가 있다. 현실의 경영 환경 개선과 경쟁 우위를 갖추기 위한 투자, 미래의 먹거리를 위한 신사업 진출과 M&A 등, 기업 내 인력, 기술, 재무적 변수와 고객과 경쟁사 간 복잡하게 얽힌 구도 하에서 실적이라는 숫자는 기업의 성공과 실패를 좌우하는 생명선이라고 할 수 있다.

이 책은 경영자들이 흔히 접하는 여러 가지 회계 용어의 개념을 쉽게 이야기하면서, 경영자가 보아야 할 숫자가 어떻게 기업의 현실과 미래를 보여주는지, 어떠한 의미를 내포하고 있는지, 어떻게 활용해야 하는지, 어떻게 해석해야 하는지에 대한 실증적인 경험을 통해 경영자에게 필요한 경영의 숫자가 가지는 통찰력을 제시하고 있다.

또한, 궁극적으로 숫자 속에 녹아 있는 경영자의 철학은 임직원과 주주의 이익 극대화와 행복이 연결되어야 한다는 메시지를 강하게 던지고 있다.

회사의 규모와 관계없이 회사를 경영하시는 분, 경영을 하고자 하는 미래의 경영자분들이 일독한다면 단지 보고를 받는 숫자가 아닌 본인만의 경영을 실천할 수 있는 숫자가 되는 데 큰 도움이 될 것이라고 확신한다.

삼일회계법인 공인회계사 전무 노영석

| 머리말 |

최근 유행하고 있는 '머니게임'이라는 말을 들어본 적이 있는가? 투자를 돈을 벌기 위한 행위가 아닌 일종의 게임으로 보는 시각이다. 이들은 회사를 완전히 어린아이의 장난감처럼 취급한다. 풍부한 자금을 바탕으로 마음에 드는 회사가 나타나면 상대방의 의사와 상관없이 회사를 매수하려 든다. 그 회사에 근무하는 사람들의 기분이라든지, 경영자의 의사는 잡초 짓밟듯이 무시하고, 오로지 자신의 욕망을 위해 회사를 매수한다.

내가 회사의 재무·경리 부문에 소속되어 있을 때 꽤 많은 국내외 기업 인수 합병(M&A)에 참여해보았지만, 한 번도 적대적 M&A를 시행한 적은 없다. 상대방 회사의 관계자들이

기뻐하고, 그들에게도 득이 되는, 그러한 기업 인수 합병을 하는 게 옳다고 생각했기 때문이다.

나 자신이 그렇게 생각하고 일했던 조직은 몇 대에 걸쳐 훌륭한 사장들이 회사를 이끌어왔다. 운 좋게도 나는 그러한 사장들 곁에서 업무를 배울 수 있었고, 경영의 결단과 가치 있는 말들을 가까운 거리에서 들을 기회가 있었다.

한편, 회사와 함께 어려운 상황을 극복해가며 배운 것도 많다. '배운다'고 표현은 했지만 학교가 아니기에 실제 업무를 통해서 하나씩 터득해나갔다는 것이 정확하다. 사장이나 상사가 친절하게 깨우쳐주는 경우도 있지만, 대부분은 꾸짖음을 들어가며 그리고 긴장하면서 전수받은 것이다.

솔직히 나는 사장(상사) 입장에서 보면 '꾸짖기 쉬운 타입'이었다. 하지만 오히려 그 덕분에 그룹 내 15,000명이나 되는 사원들 가운데 나 혼자만 꾸지람을 들으면서 배운 적도 있었으리라 생각한다. 그리고 그러한 경험을 통해 나는 머릿속에 '유능한 사장'이라는 이상적인 상(像)을 그릴 수가 있었다.

- 항상 회사가 나아가야 할 방향을 생각하고, 문제를 해결하며, 보다 많은 이익을 가져올 수 있는 정책을 실행하는 사장
- 주주와 경영진, 직원 모두의 행복을 위해 이른 아침부터 늦은 저녁까지 쉴 시간도 없이 일하는 사장

이러한 사장의 모습을 볼 때마다 진정으로 머리가 숙여졌다.

이 책은 이상적이고 유능한 사장이 회사의 경영에 관해 어떻게 몸과 마음을 쓰는지 알아보고자 기획했다. 내가 재무·경리 부문에서 38년간 온갖 고초를 겪어오면서 터득한 일들 가운데 특히 숫자에 관해 해줄 이야기가 많다. 그러나 숫자에 관한 이야기뿐만 아니라, 함께 일한 사장들의 일화도 다양하게 담았다.

지금까지 나는 다섯 명의 사장과 함께 일했지만, 이 책에는 한 개인에 특정하지 않고 단지 사장이라고만 표기하였다. 그 이유는 이 책이 누군가의 에피소드를 전하려는 것이 아니고, '유능한 사장'의 본질을 많은 사람들에게 알리고 싶

기 때문이다.

사장은 말할 것도 없이 회사의 톱(Top)이다. 따라서 '유능한 사장'의 생각과 실행력을 파악하는 것은 최고의 경영 자세와 행동력을 배우는 것이기도 하다.

현재 회사에 근무하는 회사원, 중간 관리자, 임원과 최고 경영자뿐만 아니라, 특히 앞으로 사회에 진출하게 될 학생들에게도 이 책이 두루 읽혔으면 하는 바람이다. 이를 통해 회사 경영에 대해 조금이라도 이해할 수 있는 계기가 되었으면 좋겠다.

성공하는 기업 경영은 마법도, 기묘한 계책도 아니다. 사물의 본질을 정확하게 꿰뚫고, 해야 할 일을 경영진이 솔선수범하여 실행하는 것이다. 생각은 간결하게, 행동은 신속하고 정확하게, 그리고 성실하게 행하는 것이다.

이 책이 회사에서 일하는 모든 분들과 젊은이들에게 도움이 되기를 기대해본다.

| 차례 |

2장

유능한 사장은 현실주의자다

3장

유능한 사장은 간결한 경영을 한다

4장

유능한 사장은 재무 · 경리를 이렇게 활용한다

5장

유능한 사장의 결산서 읽기

1장

유능한 사장은 현장에서 숫자를 본다

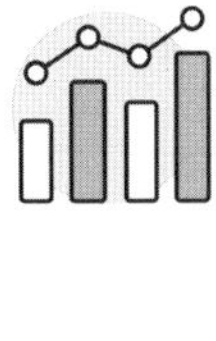

사장실에 있어도 마음은 현장

무엇을 생각하더라도 '현장'이 기본

21세기 들어서고 몇 년 지나지 않아, 일반 사람들 사이에서 '회계'나 '결산서', 좀 더 간단하게 말하면 '회사의 숫자'를 공부하자는 인식이 높아졌다. 인터넷으로 주식을 매매하는 사람들이 많아지면서, 회사(경영)의 숫자를 이해하는 것이 비즈니스를 읽을 수 있는 빠른 길이라는 사실을 알게 되었기 때문이다.

그러나 경리나 재무 관련 분야에 소속되어 있지 않으면 회사의 숫자에 대해 공부할 기회가 좀처럼 없다. 결국 책을 구입해서 스스로 공부할 수밖에 없다. 실제로 이러한 회사원들을 위해 '회사의 숫자'와 관련한 입문서가 시중에 많이 나와 있고, 나 또한 지금까지 몇 권의 책을 출간했다. 그러나 회사의 숫자를 어떻게 읽어야 하는가에 대해서는 사람마다 의견이 분분하다.

예를 들어, 매우 바쁜 기업의 사장님들은 재무·경리부서의 사람들이 숫자를 보는 방식으로 숫자를 보지 않는다. 그들은 단시간에 포인트를 취해 거기에서 경향을 파악하는 노하우를 갖고 있다. 만약 일반인들이 그러한 노하우를 알게 된다면 짧은 시간에 많은 회사의 데이터를 이해하게 될 것이다.

앞으로 이 책에서는 기존의 '회계 입문서'와는 약간 관점을 달리하여 사장, 특히 '유능한 사장'이라고 하는 사람들이 숫자를 바라보는 방식에 대해 살펴보고자 한다.

여러분은 '사장'이라고 하면 어떠한 이미지가 떠오르는가?

1980년대 일본에서는 '임원 출근'이라는 말이 있었다. '12시 가까이 출근해서 천천히 커피를 마시며, 머릿속에는 골

프 회동에 대한 생각을 한다. 저녁이 되면 긴자의 고급 음식점에서 우아한 회식을 한다…….'

어쩌면 지금도 많은 사람들이 사장을 포함한 임원들에 대해 여전히 이런 식으로 생각하고 있는지도 모른다.

물론 세상에는 이러한 사장들도 분명 있다. 하지만 '유능한 사장'이라고 말할 수 있는 사람들은 대체로 매우 바쁘다. 일반 사원보다 먼저 출근하고, 가장 늦게 귀가하는 것이 사장으로서 전혀 이상하지 않다. 장시간 일하는 것이 유능하다는 증거는 아니지만, '유능한 사람'에게는 많은 업무가 쌓이기 때문에 바쁜 것은 자연스러운 일이다.

한편, '유능한 사장'은 결산서와 같은 보고서에 적힌 숫자를 보고 업무를 파악하는 일 등은 하지 않는다. 어떤 일을 하든지 현장을 가장 우선에 두고 생각한다. 자신이 잘 알고 있는 현장에 몸과 마음을 두고, 실태를 정확하게 파악하여 현장에서 숫자를 도출해내는 것이 '유능한 사장'이라고 불리는 사람들의 공통된 행동 패턴이다.

이를테면 유능한 사장은 '공장에서 많은 사람들이 제품을 만든다, 그것을 보고 제품의 생산 수량을 확인한다, 그리고 재고 수량을 파악한다. 그다음으로 상품에 대한 수량을 체크한다. 그러면 자연히 불량품이 얼마나 되는지 결과가 나온다. 보고서에 쓰인 불량품의 발생률이 몇 퍼센트이고 그 숫자가 좋지 않다고 판단되면 현장에 지시를 내려 개선을 요청한다……' 같은 식으로 일하지 않는다.

유능한 사장은 먼저 현장에 가서 상황을 빠짐없이 확인하고, 문제점을 숫자로 파악해낸다. 그 숫자를 활용해서 어떻게 하면 현장이 좀 더 올바르게 기능할 수 있을까를 고려하여 경영 방침을 실행한다. 이것이 유능한 사장이 숫자를 보는 기본자세다.

나는 재무·경리 책임자로 일하면서 그동안 다섯 명의 사장을 모셨다. 기술자 출신의 사장도 있었고, 오랫동안 국제영업을 해온 사장도 있었지만, 부기나 회계를 전문으로 공부한 사람은 거의 없었다.

그러나 누구도 예외 없이 현장에서 직접 보고 배운 실질적인 '감각'으로, 부기·회계의 개념이 확실하게 몸에 배어 있었다. 부기·회계를 따로 공부하지 않았어도 그러한 개념을 완벽하게 이해하고 있었다. 이것이야말로 '유능한 사장'의 커다란 특징이다.

부기·회계를 몰라도 '부기 경영'은 가능하다

그렇다면 '부기 경영'이란 무엇인가? 이해하기 쉽게 예를 들어 설명해보자.

먼저, 기업이 어떤 물건을 판매했다고 하자. 물건을 팔면 고객으로부터 대금을 받지만, 기업 간의 거래는 대다수의 지불이 외상이다. 즉 대금이 바로 들어오지 않는다. 이 경우 물건을 판매하여 외상이 된 금액은 '외상 매출금'으로 처리하는 것이 부기의 방법이다.

외상 매출금은 부기·회계에서 좌측 '차변'으로 분류된다. 달리 말하면, 회사의 입장에서는 가능하면 조기에 외상 매출금을 회수해야 한다. 따라서 부기 경영에서는 "판매하는 것은 중요하다. 그러나 동시에 대금 회수도 매우 중요하다"고 말하는 것이다.

사장이 아니라 영업부장의 입장에서 본다면, 이들에게는 최우선적으로 매출을 올리는 것이 가장 중요하다. 그렇지만 이들은 대체로 상품을 판매하는 자체에 급급해서 외상 매출금을 회수하는 일까지 신경 쓰지 못하는 경우가 많다. 결과적으로 외상 매출금이 입금이 되고 나서야 그 거래가 완료되는 것이기 때문에, 영업부장의 업무는 부기 경영의 생각이 몸에 배어 있지 않다고 하겠다.

반대로 경리부장의 입장에서 보면, 판매의 '판다'라고 하는 고충이 잘 이해가 되지 않는다. 그렇기에 경리부에서는 "영업부는 어쨌든 조기에 외상 매출금을 회수하라"고 지시를 내리는 것이다. 판매하면 조속히 입금까지 마무리하는 것이 부기 경영의 개념이기 때문이다.

하지만 외상 매출금을 조기에 회수하는 것만으로는 회사의 성장을 기대하기 어렵고, 미래도 장담할 수 없다.

결국 영업부장도, 재무·경리부장도 아닌 사장의 입장이 되어야 비로소 '많이, 비싸게 팔아 대금을 조기에 회수한다'라는 생각을 할 수 있다. 이것이 부기 경영의 개념이고, 경

회사 경영에 따른 '부기 경영의 개념'

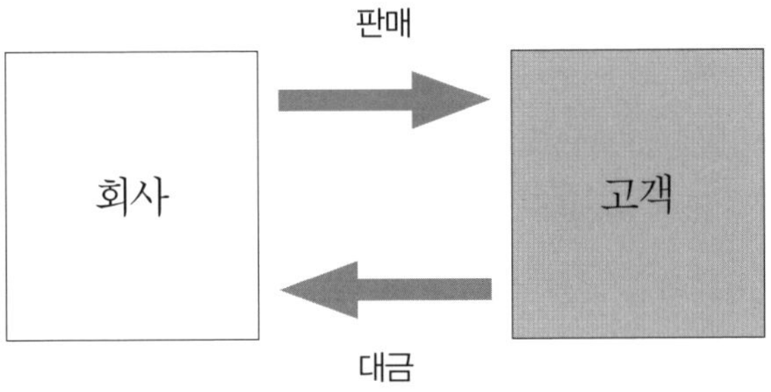

'많이, 비싸게 팔아 대금을 조기에 회수한다.'

영의 기본이다.

매출을 올리고 나서 그 외상 매출금을 회수하여 거래가 완료되기까지, 유능한 사장은 부기·회계 등을 정식으로 배우지 않았더라도 부기 경영의 개념, 즉 '경영의 본질'이 늘 몸에 배어 있다. 진정으로 경영을 알고 있다면 부기가 따로 필요하지 않다.

다른 각도에서 살펴보자. 어떤 제품을 100만 엔의 외상으로 판매한 경우, 부기·회계 입장에서는 좌 '차변'과 우 '대변', 즉 왼손과 오른손 양손에 누군가가 분개(分介)를 할 것이다. 그렇지만 부기 경영이 몸에 배어 있는 유능한 사장이라면, 예를 들어 교토 도지(東寺, 일본 진언종의 총본산 – 옮긴이)의 천수관음보살과 같이 1,000개의 손으로 1,000가지의 경영 수법을 생각하여 그중에서 중요한 몇 개의 경영 방안을 실행할 것이다.

앞에서 말한 거래의 개념으로 설명해보면, 제품의 주문을 확실하게 받는 것에서부터 100만 엔의 대금이 완전하게 입금되기까지, 고객과의 거래뿐만 아니라 내·외부 요인과 경영에 관련된 모든 상황까지 고려하여 경영 판단을 행하는 것이 유능한 사장의 부기 경영이라 하겠다.

현장 감각과 경영 감각 그리고 현장의 숫자

그렇다면 '유능한 사장'은 어떻게 그러한 생각이 몸에 배어 있는 것일까? 아마도 현장을 유심히 살피고 있는 와중에 자연스럽게 몸에 배인 것이 아닌가 싶다. 즉 현장을 중심에 두고 생각하기 때문이다.

유능한 사장은 현장의 감각을 철저하게 활용해서 어떻게 하면 경영을 잘할 수 있을까를 생각한다. 이른바 '현장 감각'과 '경영 감각'이 동시에 움직이는 것이다. 그리하여 숫자로 상황을 생각하는 '현장의 숫자'가 떠오르게 된다.

경영자는 아니지만 2002년에 노벨 화학상을 수상한 다나카 고이치(田中耕一) 씨도 사실은 '현장' 사람이다. 물론 다나카 씨는 연구원이다. 흔히 연구원이라고 하면 현장과는 거리가 있는 이미지이지만, 연구원에는 전혀 새로운 미지의 영역을 연구하는 '신규 연구'와 기존의 기술을 응용하여 상품화하는 '응용 연구' 두 가지가 있다. 다나카 씨는 후자에 속하는 연구자다.

다나카 씨의 연구는, 엄밀히 말하면 새로운 것을 발견하여 그 자체로 가치가 있는 연구를 하는 것은 아니다. 그 대신 고객이 가치 있다고 생각하는 좋은 성능의 기계를 만들고, 그것을 팔면 얼마나 벌어들일 수 있을까를 고민한다.

신규 연구인 경우 개발에 따른 모든 연구비를 회사에서 지불하는 한편, 다나카 씨와 같은 응용 연구는 현장에 중점을 두며, 회사에서 지출한 연구비를 사용하여 이것을 어느 상품에 연계시킬까를 생각한다.

노벨상을 수상할 만큼 현장 연구에 매진한 다나카 고이치 씨는 '현장 감각'과 '경영 감각'을 동시에 겸비한, 한마디로 '부기 경영의 개념'이 몸에 배인 사람이라고 할 수 있다.

다나카 고이치 씨가 각광 받기 전만 해도 연구 분야에서는 순수 연구에 매진하는 연구자를 높게 평가하는 반면, 상품화를 고려하는 응용 연구자를 낮게 평가하는 경향이 있었다. 그러나 지금은 우리 삶의 거의 모든 분야에서 연구가 진행되고 있는 만큼, 순수하게 신규 분야에서만 연구를 하는 사람의 수는 그렇게 많지 않다. 즉 연구자라 해도 고객과 상품화를 고려하여 연구하는 사람들이 대부분이다.

다나카 씨가 훌륭한 것은 고객들을 염두에 두고 좋은 제품을 만들기 위해 응용 연구를 하면서, 노벨상을 수상할 정도로 놀라운 성과를 만들어냈다는 사실이다. 그 결과 세상의 눈은 '현장 연구도 중요하다'라는 견해가 생겨나게 되었다. 이러한 점에서 다나카 씨는 현장의 연구자와 기술자들에게 참신한 빛을 제공한 선구자적 존재다.

일상의 익숙함을 파괴하라

회사에서 암산이 가장 빠른 사람

나는 재무·경리 분야에서 오랫동안 일했기에 계산만큼은 누구보다 자신이 있었다. 그러나 사장은 나보다 10배 정도 계산이 빨랐다. 늘 내가 계산하는 것보다 빨리 암산으로 답을 내었다. 젊어서부터 훈련된 게 아닌가 싶을 만큼 압도적인 속도였다. 15,000명의 사원 중에서 가장 빠르다고 해도 과언이 아니다.

이러한 암산 능력은 경영 활동에도 많은 도움이 된다. 여러 가지 업무를 처리하는 와중에도 순간순간 언제나 상대

보다 빨리 답을 내기에, 상대의 의중을 한발 먼저 읽는 것이 가능하다.

예컨대 두 사람이 동시에 암산으로 원가 계산을 한다고 해도 순간적으로 답을 내는 사람과 약간 뒤늦게 계산한 사람은 결과적으로 대응 면에서 커다란 차이가 나타난다.

또한 사장은 비즈니스 외국어도 일본 내에서 최상위 레벨에 해당할 정도로 수준급이었다. 해외 비즈니스를 필요로 하는 기업은 이러한 능력이 매우 중요하다. 왜냐하면 사장은 영업의 최전선에서 톱 세일즈를 전개할 수 있는 사람이어야 하기 때문이다.

내가 사장이 한층 더 뛰어나다고 생각한 것은 이러한 능력을 한 번도 자랑하지 않았다는 사실이다. 자신이 있어서 겸손한 것이 아니다. 누가 봐도 완전하게 타인을 압도할 정도이기에 굳이 자랑할 필요가 없는 것이다. 능력이 출중하기에 부하로서 믿고 따를 수 있는 것이다. 부하의 충성심을 높이고 싶다면 사장이 먼저 압도적인 능력을 갖춰야 한다.

내가 첫 책을 쓴 것은 과장 때지만, 그 시절 사장은 내게 여러 가지 충고를 해주었다. "쉽게 쓸 것", "원고료를 받지 말 것", "평일에는 쓰지 말 것"이다. 그리고 마지막으로 "자네가 쓴 책은 회사의 경영 상태가 나빠지면 가치가 없어질 테니, 회사의 경영 상태가 좋을 때 책을 쓰도록 하게"라고 말해주었다.

그가 자신감이 없는 평범한 경영자였다면 아마도 그러한 충고는 하지 못했으리라 생각한다.

모르는 일을 하는 것은 일이 아니다

대기업이라면 고문 변호사를 고용하게 마련이다. 또 글로벌 기업은 세계에서 그때그때 협력을 받을 수 있는 초일류의 임시 고문 변호사를 고용한다.

이러한 변호사의 비용을 법무부에서 견적을 받기 때문에 나는 회사에 "변호사 비용이 많은지 적은지 알 수는 없지만, 조금 더 비용을 줄였으면 좋겠습니다"라는 의견을 냈다. 그러자 사장이 그 코멘트를 보고 다음과 같이 말했다.

"내용을 모르고 일을 하는 것은 일이 아니다. 내용을 모르고서 무엇인가를 하는 것은 재무·경리 담당자로서 이유도 모른 채 권한을 행사하는 것에 지나지 않는다. 권한은 의무 뒤에 있는 것이기에 권한 자체만 존재하는 것은 있을 수 없다."

이 말에 내가 멍하게 있으니, 사장이 재차 이런 말을 해주었다.

"세계 최일선에서 뛰고 있는 전문가에게 업무 협조를 구할 때는, 돈을 아까워해서는 안 되는 상황도 있다. 그렇다면 예산이라는 것은 세울 필요가 없다. 그것이 본질이다."

하지만 '변호사비'라는 공란(空欄)을 하나 남겨둔 채 전체의 예산을 짤 수는 없었다. 그렇게 되면 재무·경리의 일이 늦어지게 된다.

내가 몹시 난감해 하자, 사장이 방법을 알려주었다.

"공란에 무엇인가 숫자를 넣어야 한다면 전년과 동일한 숫자를 적당하게 넣어두면 된다. 그러한 항목은 있으나 없으나 똑같은 것이니."

결국 형식만 갖추어놓으면 된다는 것이다. 변호사 비용이라는 것은 부탁하지 않을 경우 제로가 되고, 요청이 있을 경우 매우 많은 비용이 소요될 수밖에 없다. 그러나 그것은 회사를 위한 것이고, 비용 대비 효과는 추상적이고 만만한 것이 아니다.

일반적으로 회사가 장래에 실행할 것은 '계획'과 '예산' 두 가지가 있다. 예를 들면 계획은 '하이킹 가기'라고 하는 큰 틀로, 반드시 금액을 책정할 필요는 없다. 하이킹이라고 하면, '어디로 가서, 어디를 경유해서 돌아온다'라는 계획만 있어도 된다. 만약 생산 계획이라면 '무엇을 얼마나 만들 것인가'라고 하는 수량만 책정해놓아도 훌륭한 계획이다.

한편, 예산이라고 하는 것은 금액을 나타내는 것이다. 어떤 계획에 따라, 단가에 수량을 곱한 것으로, 영어로 말하자면 예산 편성(Preparing Budget)이다.

예산의 기본 요소로는 수량, 단가, 금액 세 종류가 있다. 이 가운데 특히 단가에 대해 사장은 "국제적인 상황에서 미국 달러, 유럽 유로, 중국 위안 등 여러 가지 국제 통화의 단위가 포함되어 있다는 것을 잠시라도, 자고 있더라도 잊어서는 안 된다"라고 강조했다.

과거 최고의 숫자와 비교하기

예산에서 경비적인 측면이 가장 중요하다는 것은 두말할 나위가 없다. 그런데 한 번은 사장으로부터 "판매에 대해서는 예산을 편성하지 말라"는 지시가 있었다. '얼마나 판매할까'를 예상하지 말라는 것이다. 내가 "그러면 어느 정도 판매하고자 합니까"라고 여쭈니, "최고로 판매한다"라는 답변이 돌아왔다.

대부분의 기업은 '전년 동월비'라든가 '전월비'라는 척도로 판매 예산을 책정하지만, 유능한 사장은 '주저하지 않고 최고로 판매한다'는 자세로 판매 계획을 수립한다. 만약 비교할 것이 아무것도 없어 곤란하다면, 과거 최고의 숫자를 지표로 삼으면 된다.

1년 계획을 당해 연초에 세웠다 해도, 그때그때 상황이 어떻게 바뀔지는 알 수 없다. 따라서 1년 계획을 수립한다면

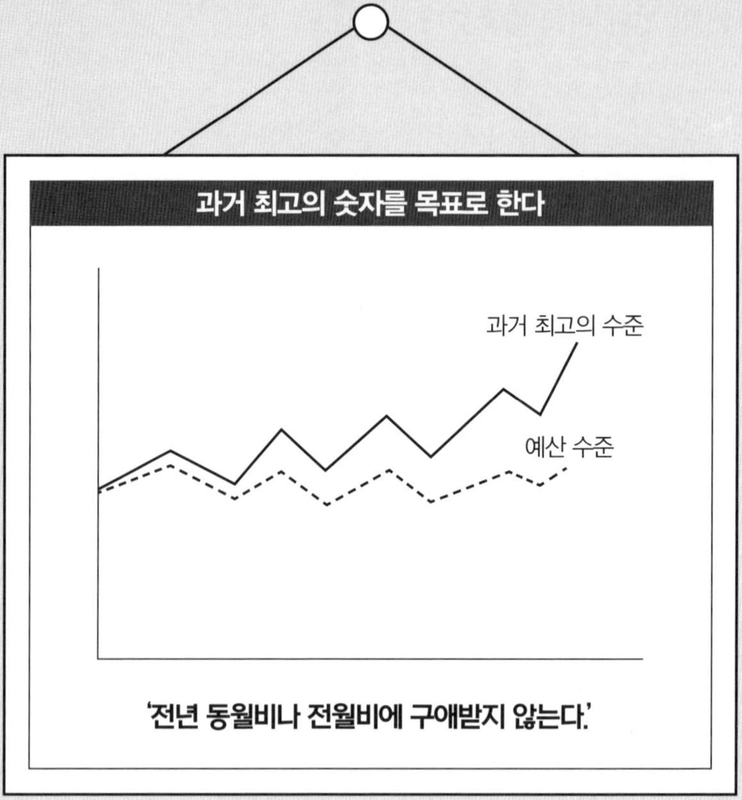
과거 최고의 숫자를 목표로 한다
과거 최고의 수준
예산 수준
'전년 동월비나 전월비에 구애받지 않는다.'

전월과 비교하거나 전년과 비교하고, 그러고 나서 과거 최고 매출과 비교하면 된다.

그로부터 10년이 지나서야 일본회계학연구학회나 일본관리회계학회에서 '예산이 필요한가', '예산이라는 말을 사내에서 사용 금지시키면 어떨까'라는 검토를 진지하게 하는 시대가 되었다. '없는 것은 쓸 수 없다'라는 이유로, 사장 앞에서 '예산'이라는 말을 입 밖에 내면 엄중히 꾸지람을 듣는 시기도 있었다.

예산이 없다는 것은, 언제나 과거 최고의 실적을 목표로 한다는 말이기도 하다. 즉 항상 보다 높은 매출을 목표로 삼겠다는 것이다. 그렇기에 '지난해와 비슷하게 달성해가고 있으므로 최종 결과도 좋을 것이다'와 같은 생각으로 긴장을 늦추는 법이 없게 된다. 물론 과거 최고의 실적과 비교하여 10개월을 달려왔다면, 남은 2개월은 숨을 돌릴 수도 있을 것이다. 하지만 과거 최고 실적을 달성하는 일이 생각처럼 쉬운 일은 아니다. 현실적으로 손쉽게 갈아치울 수 있는 기록이 아니다. 세상은 그렇게 녹록지가 않다.

내 일보다 상대가 우선이다

최고의 접대

과거에는 재무·경리부서에 '은행 접대비' 예산이 따로 책정되어 있었다. 그러나 사장의 한마디에 이 예산을 곧바로 없애버렸다. 단순히 쓸데없다는 이유에서다.

한 번은 사장으로부터 이러한 질문을 받았다.

"자네는 은행이 회사를 어떻게 평가하는지 알고 있는가?"

내가 "좀 생각해보겠습니다"라고 대답하자, "좀이 아니라 확실히 생각해봐야 하네"라고 꾸지람을 들었다.

"좀이 아니라 철저하게 생각하도록! 알겠나? 은행은 은행으로부터 자금을 빌리지 않아도 되는 회사를 높이 평가한다네. 차입하지 않는 회사는 망하지 않기 때문이지. 따라서 접대하지 말고 자금을 빌리지 않는 회사가 되도록 노력해야 하네. 어설픈 접대비 예산이 있기에 경영의 본질적인 부분에 노력을 하지 않는 것이니."

재무·경리부서 입장에서는 '그래도 접대비가 있으면 은행원들과 술 한잔 마시면서 업무 이야기도 부드럽게 할 수 있으니 좋지 않을까' 생각했지만, 사장은 그것을 '적당주의'라고 표현했다. 은행에서 자금을 빌려 그 일부를 접대비로 쓴다면, 그것은 본말전도(本末顚倒)라는 것이다.

사장은 또 이런 이야기도 했다.

"우수한 영업사원들은 접대비 1만 엔을 사용할 때 어떤 생각을 하고, 어떻게 실행하는지 알고 있나? 우수한 영업사원은 1만 엔으로 20가지의 접대 방법을 생각한다네. 어떤 사람에게 접대를 한다고 했을 때, 그 사람이 가장 좋아하는 방법을 열심히 생각하는 거지. 음악회 티켓이 좋을까, 넥타이가 좋을까, 식사권이 좋을까, 야구장 티켓이 좋을까, 스모 경기

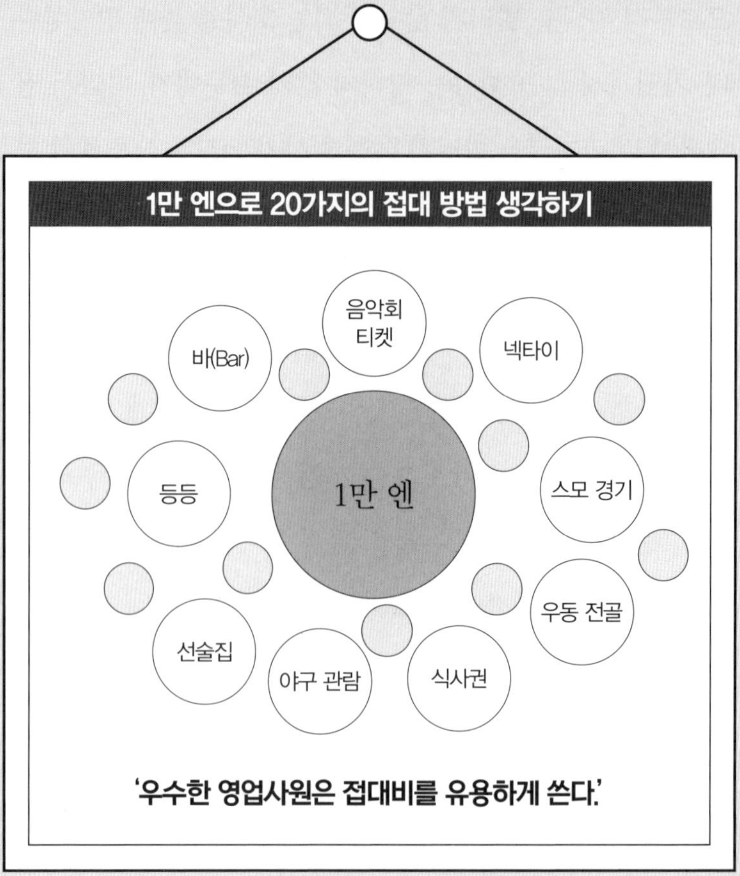
1만 엔으로 20가지의 접대 방법 생각하기
음악회 티켓
바(Bar)
넥타이
등등
1만 엔
스모 경기
우동 전골
선술집
야구 관람
식사권
'우수한 영업사원은 접대비를 유용하게 쓴다.'

가 좋을까, 바가 좋을까, 선술집이 좋을까, 우동 전골이 좋을까……. 그렇게 20여 가지 접대 방법이 확연하게 머리에 떠오른다면 진정한 영업맨이라고 할 수 있네. 혹시 자네는 자기에게 접대하고 있지는 않나? 언제든 1만 엔의 용도에 대해 20가지 정도 유용하게 생각해보게나."

'단순히 이 금액으로 뭘 할까'는 중요하지 않다. '우리 영업부에서는 어떤 식으로 1만 엔의 사용 방법을 정하고 있다'를 생각해야 한다. 그러한 고민을 하는 영업사원이라면 영업 실적을 높이기 위한 의식이 더욱 높아질 것이다. 그것은 최종적인 '코스트(원가) 의식'이며, 경비 절감과도 직결된다고 할 수 있다.

해외 자회사를 성공시킨 기술

일본의 많은 회사들이 해외에 자회사를 설립할 때 초기에는 잘못된 선택을 하기 일쑤다.

예를 들어 말레이시아에 자회사를 설립한다고 하자. 첫 번째로 시설이 필요하다. 그것에 100억 엔이 소요된다고 하면, 가능한 한 현지에서 차입하지 않으려고 한다. 왜냐하면 개발도상국은 일본과 비교했을 때 금리가 매우 높기 때문이다. 일단 100억 엔의 자본을 일본에서 모두 조달하여, 회사가 이익을 내면 배당으로 투자금을 회수할 수 있다. 이것이 많은 회사들이 하고 있는 방법이다.

그러나 내가 일한 회사는 달랐다. 자본금으로 먼저 절반인 50억 엔을 출자하고, 나머지 50억 엔은 현지 은행에서 차입을 했다. 말레이시아에서 자금을 빌리면, 단적인 경우 금리가 10%나 된다. 하지만 비용이 높아도 현지에서 자금을 차입하도록 했다. 그렇게 하는 이유는 말레이시아의 회사이기에 말레이시아에서 이익을 내어, 말레이시아에 세금을 납부하고, 말레이시아인을 고용하여, 결국은 말레이시아를 발전시키는 것이 중요하다고 봤기 때문이다.

이 경우에는 50억 엔을 본사에서 출자했으니, 조기에 이익을 내어 배당을 하라고 채근할 필요가 없다. 무배당이어도, 사업을 발전시켜 이익을 낸다고 해도, 자금은 변제하지 않아도 된다는 자세다. 어쨌든 연결결산(連結決算, 모회사뿐만 아니라 관련된 자회사를 포함한 결산)에 자연적으로 들어오기 때문이다.

한편 보통의 회사는 70%를 자기자본으로 하여 차입을 적게 하고, 그 대신 조기에 배당을 하도록 요구하는 것이 일반적이다. 그러면 금리가 비용이라는 의식이 몸에 붙지 않아, 일본 모회사의 지시에 따라야 하므로 언제까지나 자립할 수 없게 된다.

나도 매년 몇 차례씩 해외의 자회사에 출장을 간다. 현지에 가보면 해외에서 일하고 있는 사람들이 정말 힘들게 생활하고 있다. 그들은 풍토도 다르고, 사람들도, 생활습관도 다른 환경 속에서 이익을 만들기 위해 최선을 다한다. 그것은 매우 힘든 노고다.

그런데 대다수의 일본 모회사의 재무·경리부서는 자기들 돈이 아닌데도 불구하고 자회사에 거들먹거린다. 과연 이런 상황을 해외에서 일하는 현지인들이 언제까지 참을 수 있을지 모르겠다.

거물은 항상 상대의 일을 생각한다

내가 모시던 사장은 어느 상사(商社)의 A사장과 사이가 좋아 6개월에 한 번씩 식사 모임을 가졌다. 그런데 A사장이 총회꾼의 문제로 사임하게 되었다.

당시 미국에 있던 사장은 나에게 전화를 걸어 곧바로 A사장에게 전화하여, "최근에 큰일을 겪으셨습니다. 무엇이든 협조할 수 있는 일이 있다면 돕도록 하겠습니다. 무엇이든지 말씀해주십시오. 변호사가 필요하다면 일본 최고의 변호사를 소개하겠습니다"라고 전하도록 하였다. 나는 사장의 지시대로 그 회사의 비서실과 총무부에 전화를 걸었다. 하지만 A사장의 행방은 알 수 없었다.

그러던 어느 날, 전언이 전달되었는지 A사장으로부터 전화가 걸려왔다.

"가네코 씨, 사장에게 다음의 세 가지 메시지를 전해주시겠습니까?"라고 말하기에, 메모지에 1부터 3까지 써놓고 A사장의 메시지를 기다렸다.

첫 번째는 "서훈 축하드립니다"였다. 두 번째는 "염려해주셔서 대단히 감사합니다. 저는 잘 지내고 있으니 안심하십시오"였다. 그리고 세 번째는 "변호사 문제는, 최고는 아니지만 알고 있는 변호사를 선임하였으니 문제없습니다"라는 내용이었다.

전화를 끊고 나서, 나는 '우리 사장도 대단하지만, A사장도 참 대단한 사람이다'라고 생각했다. 자신도 힘든 상황에 처해 있는 와중에 상대의 서훈을 가장 먼저 생각해주다니 말이다.

우리 사장이 A사장을 처음 만난 것은, 사장에 취임하자마자 대기업 A사장을 꼭 한 번 만나고 싶다고 하여 내가 알고 있는 경제평론가에게 부탁해 마련한 자리에서였다. 그 때문에 회식 자리에는 사장과 A사장, 경제평론가 그리고 나까지 늘 네 명이었다.

그 회식 자리에서 주로 발언하는 사람은 A사장이었고, 우리 사장은 거의 듣는 역할을 맡았다. 저녁 시간을 100분이라고 하면 A사장이 70분을 이야기하고, 사장은 25분, 그리고 경제평론가가 5분, 나는 거의 한마디도 하지 않았다.

하루는 우리 사장이, 홋카이도에서 작은 상사를 경영하는 고객으로부터 상사 경영에 대한 질문을 받았다. 그러자 사장은 "미안합니다만, 저는 상사 경영에 대한 경험이 없습니다. 그러나 그 일에 대해서는 일본 제일의 프로인 사람을 알고 있습니다. 제게 시간을 조금만 주시겠습니까?"라고 답했다.

마침 3일 뒤에 A사장과 저녁 식사가 예정되어 있었다. 사장은 A사장의 이야기를 받아 적기 위해 커다란 메모지를 꺼냈다. A사장은 막힘없이 설명해주었고, 사장은 메모지에 설명해준 내용을 써 내려갔다. 1시간 30분이 경과하자 빈틈이 없을 만큼 메모로 꽉 차 있었다.

그로부터 일주일 뒤, 홋카이도에 있는 고객에게 사장의 자필 편지가 송부되었다. 편지지 세 장에 걸쳐 A사장에게 들은 내용을 빽빽하게 정리해서 보냈다.

나중에 홋카이도의 고객이 편지 내용을 읽고 감격했다는 후문을 들을 수 있었다. 나는 이것이 '유능한 사장의 현장 제일주의'라고 생각한다.

2장

유능한 사장은 현실주의자다

근본을 파악하여 대처한다

세금을 코스트(비용)로 생각하라

회사에서 자금의 흐름을 간결하게 나타내면, 한마디로 입금과 출금 두 가지다. 이때 '들어오는 자금(입금)'과 '나가는 자금(출금)'의 차이를 취하면 '이익'이 되고, 그 이익에 40%를 곱한 것이 세금이 된다.

좀 더 간단하게 설명하면, 입금이 100이고 출금이 80일 때 전부 현금인 경우 입금과 출금의 차액인 20이 '세금 전 이익'이다. 이 20에 40%를 곱한 값인 8이 세금이고, 나머지 12는 순이익이 된다.

여기서 회사의 진정한 지출은 80이 아니라 이것에 세금 8을 더한 88이다. 왜냐하면 세금도 출금의 일부이기 때문이다. 이렇게 상황을 보는 것이 회사의 본질이다.

기업의 세금은 세법 등에 정해져 있지만, 근원은 헌법에 정해져 있는 '납세의 의무'다. 공무원들이 뭐라 얘기해도, 정치가가 어떠한 일을 하더라도 회사가 이익으로부터 세금을 지불한다는 이치는 변하지 않는다.

무릇 이 세금이 없으면 국가는 존재하지 못한다. 일본에는 250만 개의 회사가 있지만, 이들 회사 가운데 절반이 적자이기 때문에 법인세를 내지 못하고 있는 상황이다. 이것은 국가 존망의 위기다.

'일본 경영의 신'으로 불린 마쓰시타 고노스케(松下幸之助)는 일찍이 "이익을 만들지 못하는 회사는 악이다"라고 말했다. 전적으로 공감할 수 있는 내용이라고 생각한다. 이익을 만들어 세금을 납부하는 것은 사회에 대한 회사의 기본 사명이다. 이 세금을 회사 경영에 반영하면 '세금은 곧 비용'이 된다.

"세금도 코스트(비용)로 생각하라"

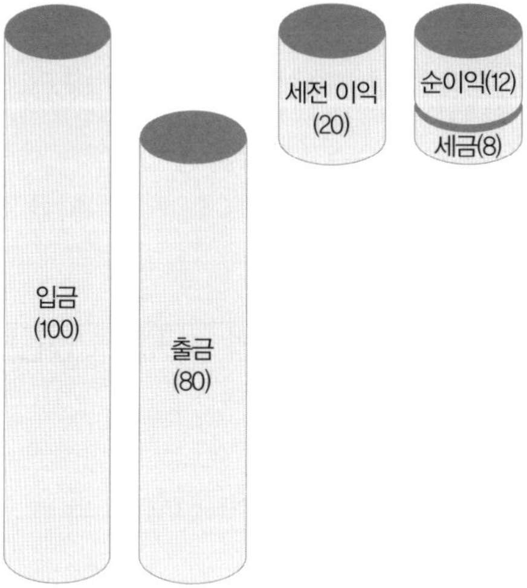

'회사 본래의 지출은 80이 아니라, 세금도 포함한 88이다.'

최근 들어 일본에서도 이러한 경향이 두드러지고 있다. 이전과 같이 세금을 특별한 것으로 생각하면, 세전 이익이 본래의 이익이라고 착각할 수밖에 없다. 그러면 회사를 정확한 눈으로 볼 수 없다. 최근 유럽과 미국에서는 세금을 여비, 교통비와 같은 비용으로 생각한다. 일본도 가까운 장래에 반드시 그렇게 될 것이다.

입금의 종류는 세 가지만 있다

'유능한 사장'의 눈으로 회사의 자금 흐름을 바라보면, 회사에 들어오는 자금의 종류는 오직 세 가지뿐이다. 첫 번째는 주주로부터 모은 '자본금'이고, 두 번째는 '차입금', 그리고 마지막 세 번째는 '매출금'이다.

이 세 가지의 입금에 대해, 이번에는 변제의 의무가 있는지 없는지를 놓고 생각해보면, 첫 번째의 자본금은 기본적으로 변제의 의무가 없고, 두 번째의 차입금은 변제의 의무가 있다. 차입금은 문자 그대로 빌린 돈이기 때문에 언젠가

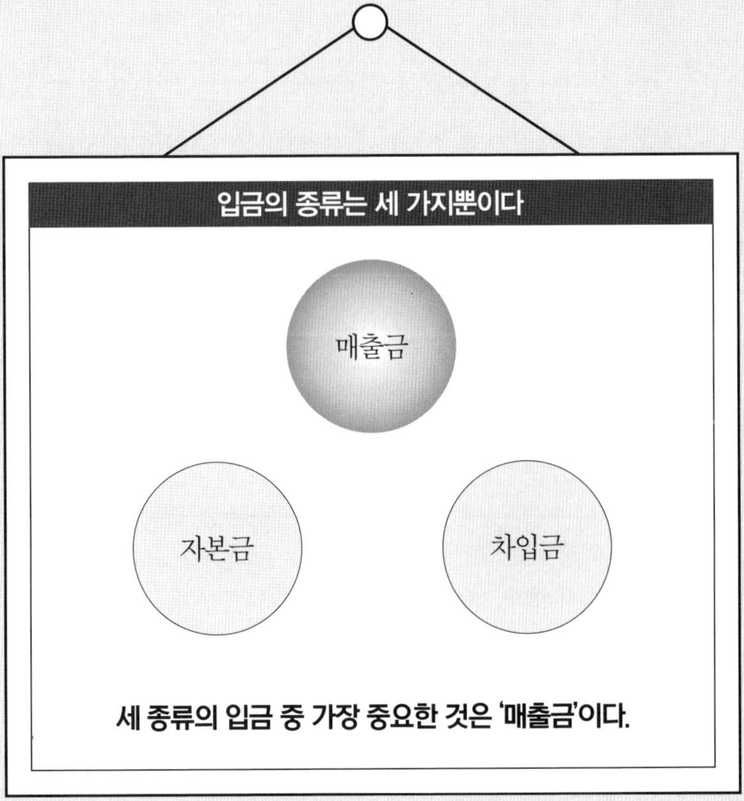
입금의 종류는 세 가지뿐이다
매출금
자본금
차입금
세 종류의 입금 중 가장 중요한 것은 '매출금'이다.

는 갚아야 할 돈이다.

여기서 차입금을 입금으로 보는 것에는 논란이 있을 수 있다. 그러나 차입금으로 여러 가지 설비를 구입하고, 이것으로 이익을 만들어 차입금을 변제해나간다면 일시적인 입금으로 생각해도 좋다.

마지막 세 번째에 해당하는 매출금은 변제하지 않아도 되는 돈으로, 회사 내 직원들의 노력으로 증가시킬 수 있는 것은 오직 매출금뿐이다. 따라서 이 세 가지 자금 가운데 매출금이 가장 중요하다고 하겠다.

또 다른 시각에서 보면, 이 세 가지 자금 모두 변제하는 상황이 생길 수도 있다. 예를 들어 매우 심각한 불량품을 제조하여 판매할 경우 환급을 해주거나, 돈을 들여 수리를 하거나, 다른 물건으로 배상을 해주어야 한다. 단순히 매출금을 반환할 필요가 없다고 생각한다면 커다란 낭패를 볼 수 있다.

과거 미쓰비시자동차나 마쓰시타전기(현 파나소닉)가 불량제품을 만들어 세상을 떠들썩하게 한 적이 있다. 이때 경영자는 머리 한구석에 그러한 일이 언제든 일어날 수 있음을 항상 염두에 두어야 한다. 이런 상황에 대처할 줄 알아야 '유능한 사장'이다.

이처럼 세 가지의 자금을 다양한 각도로 살펴본다는 것은, 본질을 파악하고 있지 않으면 불가능한 일이다. 고정된 시각으로만 상황을 마주하면 본질을 제대로 보지 못한다는 사실을 알려주는 좋은 사례라 하겠다.

늘 플러스알파의 수입을 생각한다

나도 한때는 '경상이익'이나 '영업이익'의 개념에 대해 완고하게 생각하던 때가 있었다. 그런 생각이 확 바뀌게 된 것은 당시 사장으로부터 강렬한 자극을 받았기 때문이다.

내 나이 53세가 되었을 때, 회사를 그만두고 새로운 길을 걸어야겠다고 마음먹었다. 당시 나는 부장대리였는데, 앞으로 부장, 임원으로 승진하여 회사 경영에 책임을 갖고 업무를 수행할 능력이 내게 없다고 생각했다.

그러다가 사장과 유럽 출장을 갔을 때 "저는 부장이나 경영진이 될 능력이 없습니다. 그래서 회사를 사직하고자 합니다"라고 솔직히 털어놓았다. 퇴직하고 나서 책 쓰는 것을 시작으로, 경제·경영평론가나 대학교수가 되고 싶다고 말했다.

그러자 사장이 내게 "훌륭하다"고 말해주었다. 솔직히 말하면 전혀 생각지 못한 답변이었다. "그렇게 생각하지 말고 회사 일을 계속해주게나"라고 말해줄 거라 생각했는데, 의외의 반응에 오히려 내가 깜짝 놀랐다.

아울러 사장은 "자네의 선택을 존중하네. 회사에는 가슴 따듯한 사람이 많지만, 조직은 냉정한 곳이지. 자신이 하고자 하는 일이 있다면 일단 누구에게도 말하지 말고 묵묵히 준비하게. 그리고 진지하게 그 목표를 실행하는 쪽이 좋아"라고 응원해준 뒤에, "그런데 60세가 되면 어떻게 먹고살 텐가"라고 물었다.

나는 "퇴직금과 200만 엔의 연금으로 생활할 수 있을 것 같습니다. 여기에 새로운 일로 생활비의 일부를 충당할 수도 있고요"라고 답했다. 그랬더니 사장은 "그렇게 되면 회사 급여보다도 상당히 적은 돈으로 생활하겠군. 그것은 그것대로 중요하겠지만, 무엇인가 하나 더, 약간이라도 플러스알파의 수입을 고려해보는 것이 좋지 않을까"라고 충고해주었다.

나는 일본으로 돌아와서, 플러스알파에 대해 진지하게 생각해보았다. 당시 나는 사이타마현 도코로자와시 고테사시라는 곳에 단독주택을 구입하여 살고 있었는데, 이것을 부수고 철골 콘크리트 구조의 3층 건물을 올려 학생 다섯 명이 생활할 수 있는 맨션을 지으려고 계획 중이었다. 그리고 나는 그 건물에 딸린 2층에 거주할 생각이었다.

이러한 대략적인 계획을 정리한 뒤에 미국 출장 때 사장에게 보여주었다. "이것이 플러스알파의 보완책입니다"라고 말하니, 사장은 "훌륭하군. 그런데 세금을 제하면 얼마나 버틸 수 있겠나"라고 곧바로 질문을 해왔다.

바로 그때 사장의 입에서 자연스럽게 나온 "세금을 제하면"이라는 말이 내 머릿속에 깊숙이 각인되었다. 계산해보니 맨션의 수입은, 세금 후 이익이 100만 엔이었다.

이어서 사장은, "제로에서 100만 엔이라는 플러스알파와,

연금 200만 엔이라는 토대 위에 100만 엔이 플러스알파로 추가되어 합계 300만 엔이라고 하면 의미가 전혀 달라지네" 라며, 내 바람대로 회사를 사직할 수 있기를 진심으로 응원해주었다.

수입이 증가해도 지출은 증가하지 않는다

나는 계획대로 5,000만 엔의 차입금으로 맨션 겸 자택을 지었다. 예금 500만 엔이 있었지만, 그것은 손을 대지 않기로 했다. 이것을 사장에게 보고하니, "지금 자네가 부장대리지? 현재 월급으로 어떻게든 생활은 가능할 테니 60세에 회사를 그만둘 때까지 가족 네 명이 현재의 월급으로 쭉 생활해보게나"라고 조언해주었다.

생활수준이 한번 높아지면 그전으로 돌아갈 수 없다는 게 그 이유였다. 노벨 경제학상을 수상한 폴 새뮤얼슨(Paul Samuelson) 교수의 《경제학》이라는 책에 나오는 내용이라고 했다. 나는 사장의 말을 마음에 새기고, 그 이후에도 현재의 생활수준을 유지하기 위해 노력했다.

회사를 사직할 때까지 부장, 임원, 상무로 직위가 바뀌었지만, 계속해서 부장대리의 급여로 생활했다. 그리고 61세에 사직할 때, 절약한 월급 여분과 퇴직금만으로 5,000만 엔의 차입금을 전액 변제했다. 내 몸에는 그때의 절약 정신이 몸에 배어, 회사를 그만둔 지금까지도 불필요한 비용은 쓰지 않는다.

지금 내가 사용하고 있는 사무실은 8명의 OB가 소속되어 있고, 누구든 쓸 수 있도록 교제비도 회사가 설정해놓았다. 그렇지만 나는 그 비용을 1엔도 사용하지 않았다. 책상과 전화를 빌려 쓰는 것만으로도 감사하고 충분하기 때문이다.

지금 생각해보면, 내가 사장으로부터 배운 것은 '세후 이익' 하나만이 아니다. 플러스알파의 수입을 생각하고, 생활수준을 높이지 않는 것 등 여러 가지가 있다.

그 덕분에 나는 지금까지 무려 83권의 책을 쓸 수 있었고, 여기저기서 강연 요청을 받아 조금은 바쁘고 보람 있는 하루하루를 살아가고 있다.

의외의 곳에 진실이 있다

자신의 가치를 객관적으로 판단할 수 있을까?

'유능한 사장'과 '무능한 사장'의 차이를 숫자로 나타내는 것은 어렵지만, 그 회사의 사장이 어떠한 사람인지는 결산서와 세상의 평가를 잘 비교하면 알 수 있다. 즉 사장의 가치는 숫자로 확연하게 표현이 가능하다.

예를 들어, 한 주만 발행한 주식회사가 있다고 하자. 이 회사의 자산(플러스 자산)에서 부채(마이너스 자산)를 뺀 나머지, 즉 순자산(자본)이 500엔이라면, 한 주당 순자산은 500엔이 된다. 이것이 주식시장에서 주가 3,000엔으로 매매가 된다

'보이지 않는 자산'의 일부가 사장의 가치다

'주식의 시장 가격 합계(시가 총액)에서 순자산을 뺀 것이 그 회사의 보이지 않는 자산이다.'

면, 3,000엔에서 500엔을 뺀 나머지인 2,500엔이 '보이지 않는 자산'이다. 그리고 이 가운데 일부가 사장의 가치다.

일반 사람들은 대개 자신에게 매겨진 가치를 급여로 받고 있다고 생각하지만, 세상에는 능력이 없어도 급여를 받고 있는 사람이 의외로 많다. 반대로 능력에 비해 턱없이 낮은 급여를 받고 있는 사람도 많다. 따라서 급여가 곧 그 사람의 가치는 아니다.

중요한 것은, 자신의 가치를 정확하게 평가하는 힘을 신입사원 때부터 기르는 것이다.

어떠한 회사에서도 신입사원부터 3년 차 정도 되는 사원이 자기가 받는 급여에 어울리는 공헌을 한다고 볼 수는 없다. 회사에 근무하여 5~10년이 경과하는 와중에 받고 있는 급여가 자신의 가치라고 생각하면 된다. 그러나 세상 사람의 95%는 자신이 받는 급여보다도 더 가치가 있다고 생각한다.

그렇다면 신입사원 때 어떤 생각을 가진 사람이 미래에 사장이 될 수 있을까. '지금 나에게는 가치가 없지만, 장래에 반드시 가치가 있도록 하겠다'라고 생각하는 사람이다. '사람들이 나를 어떻게 평가할까'가 아니라 '나 스스로 얼마나 객관적으로 정확하게 평가할 수 있는가'를 고민하는 사람이 사장의 자질을 갖고 있다고 할 수 있다.

나는 일찍이 훌륭한 사장 밑에서 혹독하게 일한 경험 덕분에, 보통 사람보다 빨리 '나에게는 임원이 될 가치가 없다'는 것을 깨달았다. 그것은 나 자신에게 매우 올바른 답이었다고 지금도 생각한다.

혹시 '나는 더 많은 급여를 받아 마땅하다. 회사는 나를 정확하게 평가하고 있지 않다'고 생각하는가? 만약 그런 사람이 사장이 된다면 그 회사의 미래는 장담할 수가 없다.

괴짜를 소중히 한다

세계를 무대로 활약하는 회사를 꿈꾼다면, 독자적인 발상과 영감으로 세계적인 수준의 훌륭한 제품을 만들어내겠다는 의욕 없이는 불가능하다. 여기서 세계가 무대인 것과 독자적인 발상이라는 두 가지 필요조건이 충족되어야 한다.

일본 기업 가운데 세계적으로 유명한 회사를 떠올려보라. 어디든 이 두 조건을 만족시키고 있다.

그리고 이런 회사를 만들기 위해서는 회사 대표가 '연구원'을 대하는 자세가 중요하다. 상식적인 사람들에게는 좀처럼 새로운 것을 기대할 수 없기에, 어떤 의미로는 '괴짜'라고 할 수 있는 사람을 소중히 여기는 도량이 필요하다.

내가 모시던 사장도 특이한 사람을 귀하게 여겼다. 회사 내에서 실력이 있는 사람과 동등하게 괴짜를 대우했다. 남과 다른 독특한 것을 원한다면, '괴짜'를 잘 다루는 능력이 필요하다.

노벨 화학상을 수상한 다나카 고이치 씨는 출세욕과 무관하게 유명한 사람이 되었지만, 역시 평범한 사람과는 거리가 있는 사람이었다. 또한 '괴짜'라는 무리에 넣는 게 실례일 수도 있지만 젊은 시절의 마쓰시타 고노스케도 어떤 의미에서는 괴짜였다.

이와 반대로 박사학위를 갖고 있는 사람이 2,000명이나 있는 대기업이라 해도, 눈에 띄는 아이디어가 나오지 않을 수도 있다. '괴짜'보다 '머리 좋은 평범한 사람'이 훨씬 많기 때문이다. 오래된 방식을 바꾸지 않기에 그러한 상황에 함몰되어 있지는 않은지 한 번쯤 생각해봐야 한다.

예전에는 회사 내부에서 자금을 투자하여, 장기간에 걸친 연구를 하는 것이 일반적이었다. 그리고 사장은 새로운 아이디어가 좀처럼 나오지 않는 것을 꾹 참고 기다려야 했다. '그렇게 기다리지 않으면 좋은 결과가 나오지 않는다'고 생각하는 것이 일반적이었다. 심지어 5년, 10년 단위의 연구에 거액의 투자를 하는 경우도 있었다.

그러나 지금의 상황은 전혀 다르다. 그렇게 느긋하게 일을 한다면 어떠한 대기업도 살아남기 힘들다. 이제는 개발 시간을 단축하여 1~2년 단위로 새로운 것을 빠르게 제시하지 않으면 시장 경쟁에서 뒤처진다.

때로는 영업사원이 '괴짜' 연구원과 함께 고객사를 직접 찾아가는 것도 방법이다. 상담할 때 괴짜 연구원이 옆에서

참관만 해도 고객이 필요로 하는 니즈를 보다 빨리 파악할 수 있다.

"회사 내에서 육성하고, 회사 풍토를 잘 알고 있고, 회사 일을 잘 이해하고 있는 연구자가 훌륭한 연구를 한다"와 같은 생각은 이제 낡은 풍습이 되어버렸다. 일단 회사에서 '이 연구를 진행하겠다'고 방향을 결정했다면, 사내에서 팀장 한 사람을 발탁하되 그 밖의 스태프는 어디서 데려와도 상관없다고 생각한다. 경우에 따라서는 외부에서 모셔온 사람을 프로젝트의 리더로 정할 수 있는 파격도 필요하다.

유능한 사장은 조령모개(朝令暮改)

한때 내가 몸담았던 회사는 창립 초기의 연구원이 장기적으로 연구 개발을 진행해왔다. 그러다가 10년 전부터 사장이 돌연 방침을 바꾸었다.

간사이 지역의 어느 대형 전기메이커의 사장과 대화를 나누던 중, 우리 사장이 "우리 회사는 곧 장기적인 연구 개발을 진행할 것입니다. 그래서 지금 다소 적자가 난다 해도 상관없습니다"라고 얘기하자, 그 회사의 사장이 "아니, 그것은 경영상 잘못된 생각일 수 있습니다. 초반부터 이익을 내자는 마음으로 연구하지 않으면 긴장이 풀려 좋은 결과가 나오지 않고, 세계와의 경쟁에서도 이길 수 없습니다"라고 반대했다고 한다.

사장에게 그렇게 말할 수 있는 용기 있는 직원도 없었겠지만, 역시 일본을 대표하는 전기메이커의 사장은 달랐다.

나중에 그 회사의 팸플릿을 구해서 살펴보았더니, 여러 종류의 신제품을 그때그때 만들어내고 있었다. 그처럼 사업영역이 광범위했기에, 스피드 있게 승부할 수 있었으리라.

어쨌든 우리 사장은 그 사장을 만난 이후 완전히 달라졌다. 게다가 다음과 같은 선언도 했다.

"지금부터 나는 조령모개(朝令暮改, 아침에 명령을 내렸다가 저녁에 다시 고친다는 뜻으로, 계획이나 결정 따위를 자꾸 바꾸어서 갈피를 잡기가 어려움을 이르는 말)의 방침도 불사하겠다. 연구 개발에 있어서도 잘못되었다고 생각하면 바로 수정할 것이다."

그 결과, 그때까지 중·장기적으로 해온 연구 개발의 방향을 새롭게 바꿔, 프로젝트에 따라 1년 동안은 상황을 지켜보고, 2년째부터는 조금이라도 매출에 기여할 수 있게 방향을 전환하였다.

그러나 창립 초기 때처럼 인재 중심의 연구 개발자가 종사하는 형태는 변하지 않았다. 다만 회사에는 전임 사장이 만든 '수시결산(隨時決算)'이라는 스피드 경영 방침이 있었기에, 그것을 연구 개발에 적용한다면 단기 결과 돌출도 어렵지는 않을 터였다.

'수시결산'은 회사의 결산을 년간, 반기, 분기, 월간, 주간과 같이 점점 짧은 기간 단위로 보는 것이다. 미국 회사의 경우 '주간결산'을 따르는 것을 당연하게 여기고 있다고 한다. 이처럼 사장은 그때그때 상황에 맞게 여러 가지 단위로 결산을 나눌 수 있어야 한다.

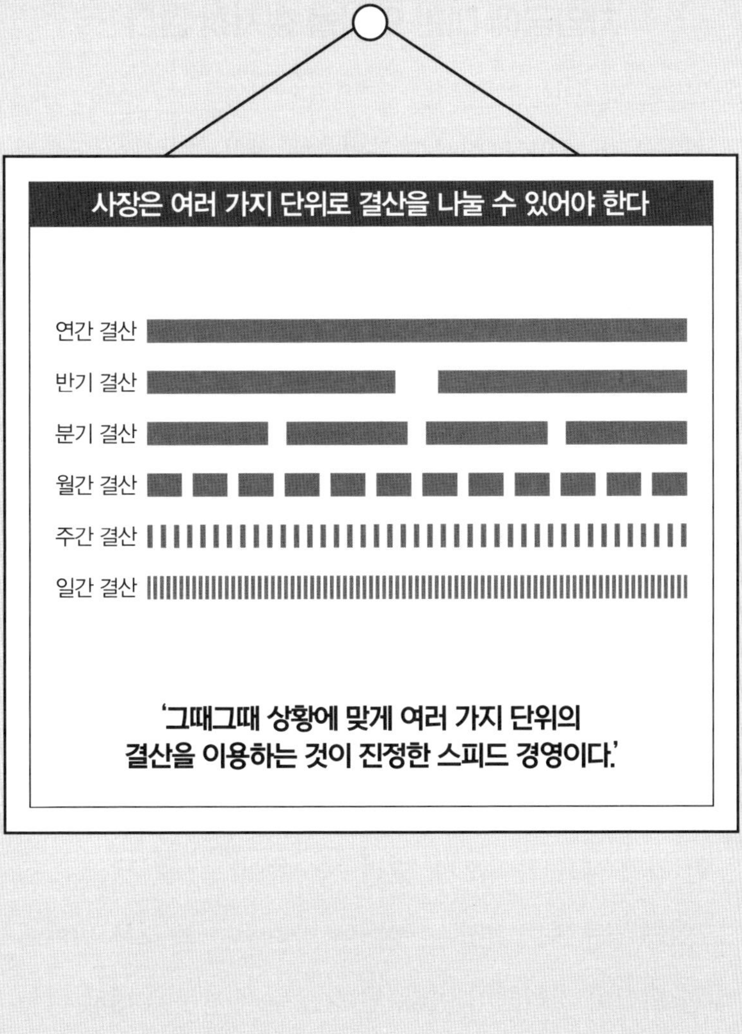
사장은 여러 가지 단위로 결산을 나눌 수 있어야 한다
연간 결산
반기 결산
분기 결산
월간 결산
주간 결산
일간 결산
'그때그때 상황에 맞게 여러 가지 단위의
결산을 이용하는 것이 진정한 스피드 경영이다.'

차입금에 대한 의식을 철저히 한다

최근 들어 개인도, 회사도 차입금에 대한 긴장감이 느슨해지고 있는 것 같다. 회사가 빌리고 은행이 빌려주는 방식인 일반적인 대차 관계뿐만 아니라, 갑자기 다급한 상황에 처해진다고 해도 돈을 빌린 입장이라면 한시도 변제라는 기본 의무를 게을리해서는 안 된다.

설령 아이가 엄마에게 용돈을 미리 타 쓰는 경우라 해도 이 돈은 반드시 갚아야 한다는 전제가 따른다는 사실을 알려줘야 한다. 회사 내에서도 이 같은 생각은 사장부터 사원에 이르기까지 숙지하고 있어야 한다. 하지만 현실에서는 그렇지 않은 경우가 많다.

한 가지 예를 들어보자. 빌려주는 쪽이 토지를 담보로 잡고 있는 경우에는, 빌리는 쪽이나 빌려주는 쪽 모두 변제에 대한 의식이 결여되어 있다. 양쪽 모두가 업무에 대해 다부지지 못한 것이 지금의 현실이라 하겠다.

최근 은행이 부실해진 이유도 여기에 원인이 있다. 토지를 담보로 잡았기에 은행은 안심하고 고객에게 돈을 빌려줬을 것이다. 하지만 토지의 가치가 사라진다면 어떻게 할 것인가. 결국 은행은 본질을 보지 못한 것이다.

그렇다면 은행은 왜 돈을 빌려주었을까? 그 회사의 장래를 기대하고 반드시 변제해주리라고 믿었기 때문이다. 따라서 변제를 받았다면 다시 빌려줄 수도 있다는 반복적인 행위가 전제되어 은행은 또다시 자금을 빌려주었을 것이다.

한편 차입하는 쪽은 노력 끝에 빌린 자금(차입금)을 사용해서 설비투자를 하고, 좋은 제품을 만들어 세상에 공헌하여 벌어들인 돈으로 차입금을 변제한다. 이것이 대차의 기본이다. 그런데 이 기본이 무시되고 있는 게 지금의 현실이다.

간단하게 생각하면 은행은 기본적으로 토지의 담보가 아니라, 사업을 잘 운영해서 반드시 변제할 수 있는 회사에 대출을 해주어야 한다. 애초에 차입하지 않고도 회사 경영이 가능하다면 좋겠지만, 개인의 경우 집을 마련할 때 주택금융공사나 은행으로부터 돈을 빌리지 않는다면 곤란할 것이다.

비즈니스도 마찬가지로 차입하지 않고도 설비투자를 할

수 있는 데는 어지간히 큰 회사가 아니면 불가능하다. 오히려 무차입으로 지속해서 투자를 늘려간다면, 자금에 대한 코스트 의식이 없어진다. 이것은 회사로서는 또 다른 측면에서 큰 손실이 될 수 있다.

따라서 직원 한 사람 한 사람이 '돈을 빌리면 반드시 갚아야 한다'는 인식과 자금 조달에 따른 코스트 의식, 이 두 가지를 갖추고 있어야 한다. 그렇지 않으면 회사는 위험해진다. 너무 많은 차입금은 좋지 않지만, 적당한 차입금은 있는 것이 좋다.

자금에 대한 코스트 의식은 최근 금리가 거의 제로인 일본에서는 그다지 영향력이 없겠지만, 과거에는 몇십 년 동안 평균 금리가 8% 정도까지 된 적도 있었다. 예를 들어, 100만 엔을 빌리면 금리 8만 엔을 더하여 108만 엔을 갚아야 한다. 그 8만 엔이 '지불이자'라는 코스트다. 말하자면 입금을 위한 출금이다.

이러한 의식을 기본적으로 가지고 있지 않으면 큰일이다. 이 때문에 무차입 회사에서도 코스트 의식을 높이기 위해 여러 가지 방안을 취하고 있다. 그 가운데 하나가 '사내 금리'

라는 제도다. 제조 코스트 중에 8%의 금리를 반영하여 계산하는 것으로, 이것만으로도 사내 조직원들의 의식은 크게 바뀔 수 있다. 무차입의 경영 상황이 좋은 회사라도 이러한 방식으로 코스트 의식을 높이고 있는 것이다.

올바른 사장의 처신

자신을 조절할 수 있는 능력이 있는가?

나는 젊었을 때 주변 사람들 표현에 의하면 '너무 착해빠져', 마흔이 될 때까지 회식 자리에서 술도 한잔 마시지 못했다. 여기서 내 자랑을 하려는 것이 아니고, 내 지론은 사장이 되고 안 되고를 떠나 비즈니스맨이라면 과도하게 술에 취하는 일은 없어야 한다고 생각한다. 왜냐하면 술에 취해 추태를 부리면 나도 모르는 사이 내 평가가 추락해버리기 때문이다. 꼭 직접적으로 듣지 않더라도 간접적으로 사람들 입에 몇 번 오르내리게 되면, 다른 데서 아무리 열심히 노력한다 해도 물거품이 되고 만다.

나는 한 달에 두세 번 정도 회식을 갖는데, 최근 회식 자리에서 술이 아닌 물을 달라고 말하는 사람이 많아졌다는 것을 실감했다. 예전에는 그런 사람이 있으면 "물 마시지 말고 술이나 마시자"라고 누군가 타박했겠지만, 지금은 주위에서도 이를 용인하는 분위기다.

더욱이 옆에서 누군가 술을 권해도 "요즘 간이 안 좋아서"라고 말하지 않고, 순전한 자기 의지로 술을 마시지 않는다. 오히려 예전부터 술도 마시지 않던 내가 "자, 여기 생맥주 한잔"이라고 주문한다. '일류 비즈니스맨은 술을 마시지 않는다'는 것이 세계적인 흐름이 되고 있다.

나는 국제 비즈니스 세계에서 술을 마시는 것은 일정 정도 괜찮다고 본다. 술을 마시되 자기 관리만 제대로 하면 문제없다고 생각한다. 대부분 사장이라는 사람들의 체형을 보면 뚱뚱한 사람이 거의 없다. 사장으로서 뚱뚱하다면, 자기 관리 능력이 결여되어 있다는 것을 인정하는 것이기 때문이다. 따라서 사장이 되려는 사람은 뚱뚱해서는 안 된다.

국제 비즈니스 세계에서는 담배도 금기 사항이다. 요즘은 회사에서 무심코 담배를 피웠다가는 주위 사람으로부터 소송을 당할지도 모른다.

이러한 부분을 토대로 사장이 되려는 사람은 자기 관리 능력부터 갖추어야 한다. 자신을 관리할 수 있는 자세는 결국 '솔선수범'의 태도와 결부된다고 할 수 있다. 역시 사장은 스스로 솔선수범하지 않으면 안 된다.

저것도 안 되고, 이것도 안 된다는 이야기만 계속했는데, '가능하다면 유리하다'는 이야기도 해보자. 바로 사교댄스다. 미국과 유럽의 사장들은 누구나 춤을 춘다. 파티석상에서 우물쭈물 주저하는 사람은 일본 사장들뿐이다. 미국, 유럽의 사장들이 사교댄스를 출 수 있는 것은, 어린아이 때부터 그러한 분위기에서 자랐기 때문이다. 부모가 집에서 파티를 열어 춤을 출 때도 있다. 이러한 점은 일본인에게 불리한 점이다.

취해도 좋은 리스크, 취하지 말아야 할 리스크

경영에는 온갖 위험이 도사리고 있는데, 그중에서도 가장 큰 리스크가 '국가 리스크'다. 왜냐하면 아무리 능력이 있는 사장이라도 어떻게 해볼 도리가 없기 때문이다.

내가 회사에 다닐 때, 텍사스주에 있는 자회사가 허리케인의 급습을 받았다. 일본에 있던 사장이 그때 할 수 있는 일이라곤 신에게 필사적으로 기도하는 길밖에 없었다. 전임 사장에게 받은 부적을 들고 열심히 기도한 결과 다행히도 허리케인은 그 지역을 빗겨갔다. 예나 지금이나 자연 리스크에 대처하는 방법은 사실상 기도하는 일 말고 딱히 없다.

국가 리스크만 아니라면, 기본적인 리스크는 회사가 성장하는 데 어느 정도 필요하다. 이를테면 고객사에 관한 리스크를 취하지 않으면 회사는 성장하지 못한다. 외상 매출금을 확실하게 회수할 수 있을까 없을까는 분명 리스크지만, 현금으로 선불 거래하는 고객만 상대한다면 매출 증가도 기대하기 어렵다.

중요한 건 확실하게 외상 매출금을 지불해줄 수 있는 고객사인지 아닌지를 알아볼 수 있는 안목이다. 상대 회사의 경영자를 보든가, 그 회사의 결산서를 보든가 하는 여러 가지 방법이 있겠지만, 그렇다 해도 만에 하나의 상황을 고려하여 다음의 다섯 가지를 준비해둘 필요가 있다.

첫 번째는 담보다. 일본의 경우 토지를 담보로 잡는 것이 일반적이다. 두 번째는 공장을 담보로 한다. 세 번째는 개인 보증이다. 사장의 예금통장과 인감을 받는 경우도 있다. 네 번째는 재고를 담보로 하는 방법이 있고, 다섯 번째는 판매한 회사가 갖고 있는 외상 매출금을 담보로 하는 방법이다.

미국의 경우에는 일본과 정반대다. 매출금을 첫 번째 담보로 잡고, 두 번째는 재고다. 미국에서는 토지에 가치가 없기 때문에 토지를 담보한다 해도 담보로서의 가치가 없다. 그리고 가동되고 있는 공장을 담보로 잡는 것도 의미가 없다. 공장의 건물과 기계를 모두 합쳐서 하나로 보는 구조이기 때문이다.

일본에서는 개인 보증을 위해 사장의 예금통장과 인감을 받는다면 대체로 문제가 없다. 그러나 미국에서는 이렇게 하면 인권 침해로 소송을 당할 가능성이 크다. 소송이 일반화된 사회이기 때문에 무언가 침해가 있다고 하면 바로 고소당할 수 있다.

한편 유럽과 미국에서는 팩터링회사라 불리는 추심 전문회사에 채권을 매각하기에 회사가 직접 추심을 할 필요가 없는 것이 일반적이다. 예컨대 대출을 통해 자동차를 구매한 경우 구매자가 지불 불능인 사람이라면 자동차 회사가 아닌 팩터링회사가 추심을 한다. 그러나 팩터링회사를 이용하면 수수료가 비싸기에, 자칫 매출 이익이 날아갈 수도 있다. 이 때문에 최근에는 스스로 회수하는 쪽이 좋다는 생각이 확대되고 있다.

어쨌든 담보로서 외상 매출 채권을 회수한다는 것은 여간 번거로운 일이 아니다. 역시 거래 초기에 상대 회사의 신뢰도와 실적을 본다든지, 업계에서 사장의 명망, 결산서 등을 확실히 조사하여 신용할 만한 거래처인가를 결정하는 것이 가장 중요하다.

외상 매출에 대해서도 사장은 그 내용을 모두 알고 있어야 한다. 이것을 등한시하는 사장이라면 회사의 장래가 위험하다.

하지만 이처럼 상대를 확실히 살펴보고 나서 담보를 확보한다 해도, 나중에 담보의 가치가 사라지는 일이 발생할 수 있다. 저당권이 2순위 또는 3순위인 경우가 그러하다. 이 경우 위험을 감지한 단계에서 미리 마음의 준비를 해두어야 한다. 이것이 '대손충당금(貸損充當金)'이다. 외상 매출금이나 대부금 따위의 대차대조표에서 자산으로 표기되는 채권 가운데 돌려받지 못할 것을 예상해 장부상으로 처리하는 추산액을 일컫는다. 하지만 대손충당금은 어디까지나 마음의 준비로서의 금액으로 생각하면 된다.

사장은 자신을 소중히 해야 한다

사장은 '주주와 사장과 직원의 성질을 모두 갖고 있는 존재'라고 생각한다. 이러한 생각을 갖고 있는 사람은 회사에 한 사람, 사장뿐이다.

주주와 회사, 경영자 및 직원을 위해 노력하는 상당 부분의 일은 사실상 자기 자신을 위한 일이라고도 볼 수 있다. 이렇게 생각한다면 주주, 사장, 직원으로서의 사장인 경우, 자기 자신과 사회를 위해서 일하는 것과 다르지 않다. 이것은 에고이즘도 그 무엇도 아닌, 회사 경영의 기본이다.

큰 틀에서 생각해보면 자연스럽게 그러한 결론에 도달할 수 있다. '나 자신과 사회를 위해'라고 생각할 때, '그럼에도 나보다 사회가 더 중요하다'라고 생각하는 것은 참이 아니다. 사회가 뒷전으로 밀려난다 해도, 가장 먼저 자기 자신을 소중하게 생각해야 한다. 왜냐하면 자신을 소중하게 생각하지 않는 사람이 사회를 중요하게 생각할 까닭이 없기 때문이다. 따라서 99.9%는 자신을 위해, 나머지 0.1%도 진정으로 자신을 위해서라고 말해도 좋다.

그러나 자원봉사자들 가운데는 "30%는 타인을 위해, 자신을 위해서는 70% 정도 할애할 필요가 있다"고 말하는 사람도 더러 있다. 그렇지만 엄밀히 말하면 그것도 거짓인지도 모른다. 지금도 여전히 좋은 사회가 만들어지지 않았다는 것이 그 증거다.

그렇다면 이 방법은 어떨까? 자원봉사자가 좋은 일을 할 수 있도록 하되, 그런 사람들의 활동을 보조하기 위해 회사가 정당한 이윤을 남겨 납입한 세금을 사용하는 방식 말이다. 어중간하게 자선을 베푼다는 생각으로 일을 해서 회사가 망해버린다면 결국 세금을 지불할 기회조차 잃게 될 것이다.

자원봉사 활동에 참가하고 싶다면 회사 업무 이외의 여분의 시간을 활용하는 게 좋지 않을까 생각한다. 물론 그 활동 역시 자신을 위한 것이어야 한다.

다른(공산주의, 사회주의 등) 정치 체제와 비교한다면, 자유주의, 자본주의, 민주주의 사회가 훨씬 우수하다. 그중에 '자신을 위해'라고 생각하는 행동 양식이 최고의 성과를 낼 수 있는 방안이다.

나 역시 회사를 그만두기 전까지는 '앞으로 어떻게 할까'를 수없이 고민했다. 그런데 막상 사직하고 나니 마음이 가벼워지면서 '지금부터 무엇을 하든지 자유롭게 살자'고 마음먹게 되었다. 그렇게 하고 나니 '나 자신이 가장 소중하다'는 것을 알게 되었다.

일전에 사무실에 있을 때 진도 5의 지진이 일어났다. 토요일 저녁이었는데, 매우 심하게 흔들리자 극도의 공포가 몰려왔다. 엘리베이터가 멈출 만큼 강한 지진이었지만, 나는 흔들리는 와중에 창문으로 달려가 문을 열고, 줄을 타고 내려갈 준비를 했다. 건물 안에 갇히는 상황을 모면하기 위해서였다.

그때 나는 솔직히 말해서 아내도 아이들도 전혀 생각이 나지 않았다. 만약 내가 두 아이와 함께 전차 플랫폼에서 선로에 떨어졌다면 어떠했을까. 그 상황에서 0.001% 정도는 아버지의 책임감이 표출되었을지도 모른다.

'신이시여, 아이들만이라도 도와주십시오.'

선로에 떨어지는 순간에는 그렇게 생각했으리라. 그러나 이내 보살필 겨를조차 없었을 것이다. 그것이 인간의 본성이다.

3장

유능한 사장은 간결한 경영을 한다

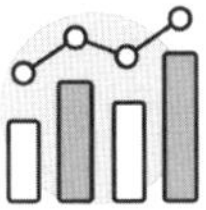

리더가 취해야 할 자세

15,000명보다 솔선수범

내가 다니던 회사는 사장이 타고 다니는 차 말고는 회사 전용차가 따로 없었다. 임원도, 감사도, 상무도, 전무도, 부사장도 전용차 없이 가능하면 대중교통을 이용했다. 직원이 15,000명이나 되는 회사 가운데 회사 전용차를 타고 다니는 사람이 오직 사장 한 사람뿐인 회사는 상장기업 가운데는 단연코 없으리라 본다.

원래는 사장 역시 자신의 전용 차량을 없애려고 했다. 하지만 주위의 끈질긴 설득 끝에 회사의 이미지를 고려하여 사장의 차량만큼은 처분하지 않기로 했다.

없는 것은 차량뿐만이 아니었다. 상무 이하의 임원은 개인 사무실도 없고, 개인 비서도 없다. 이런 풍경은 회사의 모든 사원들이 평소에 어렵지 않게 확인할 수 있는 사실이다.

위에서부터 솔선수범하면, 모든 직원에게 이러한 태도가 그대로 전해진다. 아무리 좋은 것도 말로만 떠들면 직원들은 그런 상사를 신뢰하지 않는다. 직원들은 상사를 엄격하게 지켜보고 있다. 직원에게 무언가를 지시하면 확실히 일은 간단하게 처리할 수 있을 것이다. 그러나 그 대가는 톡톡히 지불해야 한다.

지위 고하를 막론하고 누구든 자신이 할 수 있는 일을 스스로 처리한다면 그에 따른 비용이 전혀 들지 않을뿐더러 자신에게도 다양한 공부가 된다. 따라서 사장은 '내가 할 수 있는 일은 내가 직접 한다'고 생각하는 솔선수범의 자세를 가진 사람이어야 한다. 내가 모신 사장 가운데 그것이 가능하지 않았던 사장은 없었다.

나는 그동안 재직했던 회사에서 이런 훈련이 되어 있었던 덕분에, 집에서도 사무실에서도 내가 할 수 있는 일은 나 혼자서 처리한다. 한번은 출판사 관계자가 나를 만나러 왔는데, 사무실에 직원이 아무도 없어 놀라기도 했다.

현재 나는 회사에 소속되어 있지 않다. '가네코회사'라는 1인 회사를 경영하고 있다. 그래서 손님이 오면 내가 직접 차를 내오거나 커피를 타야 한다. 나는 이러한 일을 사장의 마음으로 하고 있다.

선의의 거짓말 30%

조금 오래된 이야기로, 내가 과장이었을 때 사장과 함께 유럽 출장을 간 일이 있다. 그때 사장이 내게 이런 얘기를 했다.

"자네는 너무 솔직해서 거짓말은 하지 않겠지만, 이따금 거짓말을 하는 것도 필요하네! 인생에서 거짓말을 하지 않고 살아가기는 정말 어렵지. 내 생각에 30% 정도는 거짓말을 하는 것도 필요하다고 보네."

3할 정도는 '선의의 거짓말'을 한다

그러나 '악의적인 거짓말(Black Lie)'은 하면 안 된다.

사장의 말은, 똑같은 거짓말이라도 '선의의 거짓말(White Lie)'을 요령껏 활용하라는 의미다. 일본 속담에 '거짓도 방편'이라는 말이 있는데, 이와 비슷한 뜻일 것이다.

출근 시간에 지하철 연착 등으로 시간에 쫓기게 되면, 흥분한 승객이 역무원에게 따지고 드는 풍경을 자주 목격할 수 있다. 특별히 역무원이 잘못한 것은 아니지만, 모두들 분풀이할 곳이 없기에 역무원에게 언성을 높여 따지고 드는 것이다.

만약 그런 일을 겪은 역무원에게 가서 "고생이 많습니다. 힘내세요"라고 응원해주면, 역무원의 마음은 한층 위로가 된다. 실제로 내가 그렇게 한 경험이 있다.

그런데 그 일이 있고 일주일쯤 지나서 그 역의 플랫폼에서 당시의 역무원과 눈이 마주쳤다. "그때 격려해주셔서 정말 감사했습니다"라고 역무원이 인사를 해왔다. 나는 별로 감사받을 일은 아니라고 생각했지만, 그런 상황에서는 으레 격려해주는 것이 인지상정이라고 본다. 이런 것이 바로 '선의의 거짓말'이다.

나도 가끔은 아내에게 "오늘은 특별히 예뻐 보이네"라고 얘기해준다. 사실 꼭 그렇지는 않다. 아니, 오히려 거짓말에 가깝다. 아내가 "거짓말이지?"라는 반응을 보일지라도 일단 좋아하기에 효과는 있다고 봐야 한다.

회사에서도 '선의의 거짓말은 괜찮다'는 인식을 갖고 있는 상사와 함께 일하면 즐겁다. 나도 그러한 사장을 모셔봤기에 즐겁고 행복하다는 걸 누구보다 잘 안다. 대화에서도 선의의 거짓말을 30% 정도 섞어서 얘기해보면 상대방과의 관계가 원활해지고, 사무실 공기도 한층 부드러워진다. 독자들도 한 번 실천해보기 바란다.

단, 자기 안위만을 위한 거짓말은 절대 해서는 안 된다. 이런 거짓말을 남발하는 사장은 진정한 사장이 아니다.

벌에 물리고 나서 알게 된 사실

일요일 아침, 눈을 떠보니 아내는 보이질 않고 메모가 한 장 눈에 띄었다.

'나는 손주 봐주러 외출하니, 정원에 잡초 제거 좀 부탁해요.'

나는 곧바로 정원으로 나가 30분 정도 잡초 뽑기를 했다. 그리고 울타리를 휘감은 넝쿨을 한꺼번에 뽑아 올리는 순간, 갑자기 벌이 날아들었다. 순식간에 얼굴부터 배까지 다섯 군데나 물렸다. 말벌이나 땅벌이 아니어서 천만 다행이었지만 무척 아팠다.

나는 당황한 나머지 어찌할 바를 모르고 집으로 뛰어 들어가 아내가 있는 아들 집에 전화를 걸었다. 그러나 아내는 "나 지금 바쁘니 그렇게 아프면 병원에라도 가보세요"라고 잘라 말하고는 전화를 끊어버렸다.

어쩔 수 없이 나는 집에서 조금 떨어져 있는 병원으로 달려가 주사를 한 대 맞았다. 덕분에 통증은 줄어들었다.

의사가 내게 말하기를, "벌에 한 대만 더 쏘였다면 생명이 위험했을지도 모릅니다. 잘못하면 쇼크 증상이 나타날 뻔했습니다"라고 했다.

저녁때가 다 되어서야 집으로 돌아온 아내에게 아침의 일을 얘기해주었다.

"아깐 정말 고마웠어. 당신이 병원에 가보라고 이야기해준 덕분에, 주사를 맞고 생명을 구했지 뭐야."

사실 아내는 벌에 쏘였을 때의 대처법을 알지 못했다. 그래서 의사에게 가보라고 했을 뿐인데, 결과적으로 내 생명의 은인이 되었다. 나는 아내에게 고마운 마음을 전했다.

그런데 바로 그때, 아내의 한마디에 뒷목을 잡을 뻔했다.

"당신, 그대로 가버렸다면 좋았을 텐데, 유감이네."

그 순간 어안이 벙벙했다. 속으로 '이런 여자를 아내로 맞은 내 인생이 불쌍하다'라는 생각이 들었지만, 필사적으로 꾹 참았다.

그런데 다시 생각해보니 아내가 안쓰럽다는 마음이 들었다. 살면서 한 번도 "선의의 거짓말은 괜찮다"라고 얘기해주는 상사나 부모를 만나지 못했으니 말이다. 나라면 그 상황에서 선의의 거짓말을 해줬을 것이다. 결코 "당신, 그대로 가버렸다면 좋았을 텐데, 유감이네" 같은 말 따윈 하지 않았을 것이다. 아내도 나처럼 절대 사장이 될 수는 없을 것 같다.

어떠한 상황에서도 냉정하게 대처하라

고난의 경험을 소중하게 생각하라

내가 모셨던 사장들은 모두들 이런저런 불우한 시기를 겪었다. 병으로 고생한 분도 있고, 상사 복이 없어 고생한 분도 있고, 회사에서 한동안 푸대접을 받은 분도 있다. 그렇지만 불우한 시기의 경험을 자산으로 삼아 모두 사장이 되었다.

나 역시 서른에 재무·경리부서에 들어오기에 앞서 여러 가지 경험을 했다. 입사했을 당시에는 제품을 납품하는 부서에 배속되어 고객사에 물건을 배달했다. 그다음은 일곱 명이 있는 자회사에서 한 평짜리 조립식 가옥 세트를 트럭에

싣고 관동 지역을 순회하며 판매하는 일을 3년간 하였고, 그 이후에는 자회사의 회계부서에서 일했다.

지금 회상해보건대, 그때의 경험이 매우 큰 도움이 되었다. 비록 나는 그 당시 사장은 아니었지만, 나에게 경영자의 조건을 몇 가지 고르라고 한다면 '고난을 경험해보았는가'는 반드시 들어가야 한다고 생각한다. 다른 회사들을 봐도 한때 한직에 물러나 있던 사람이 사장이 되는 사례가 결코 적지 않다.

이와 약간 맥락은 다르지만 나는 19세에 아버지를, 20세에 어머니를 여의였다. '월급 받으면 부모님께 목도리를 사드려야지'라고 몇 번을 생각했는지 모른다. 그러나 쉰이 넘어 아들딸이 성장하고 나니 생각이 바뀌었다. '그래, 어쩌면 부모님이 일찍 돌아가셨기에 내가 더 힘을 내서 살 수 있었는지도 몰라'라고 마음을 고쳐먹게 되었다.

다행인지 불행인지, 나와 아내 모두 건강한 덕분에 지금 내 아들딸은 퍽 태평하게 지내고 있다.

최근 기업회계 관련 뉴스가 심심찮게 보도되고 있는데, 내가 알고 있는 한 공인회계사도 매수를 앞둔 회사를 담당하면서 정신없이 바쁘게 지내고 있다. 그런 그에게 "이렇게 큰 경험을 할 수 있는 기회는 살면서 다시없다고 생각하며 일하는 게 좋아. 지금 이 기회는 분명히 너에게 커다란 힘이 될 테니까"라고 격려해주었다.

이는 불우한 것과는 다르다. 인간은 역경 속에 있을 때는 깨닫지 못하게 마련이다. 하지만 그러한 경험이 토대가 되어 자기만의 진정한 실력이 쌓인다.

경영은 단 한 발의 진검 승부

내가 상무였을 때의 이야기다.

하루는 사장실에 보고를 하러 갔다. 사장실에는 응접세트가 있었지만, 짧은 보고는 대체로 서서 했다. 그러한 예상을 하고 사장실에 들어가려는데, 사장이 입구 근처에 나와 있었다. 그런데 뜬금없이 나에게 "가까이 오지 마!"라고 말했다.

특별히 나를 때리려는 동작을 하고 있지도 않았다. 이상하다고 생각하며, 어느 정도 거리를 두고 1분가량 서서 보고를 하고 자리로 돌아왔다.

그 뒤로 2주 정도 지나서 다시 용무가 있어 사장실에 갔다. 그런데 또다시 "가까이 오지 마!"라고 말하는 게 아닌가. '내가 감기에 걸린 것도 아닌데 왜 저러실까?' 한 번도 아니고 두 번이나 똑같은 행동을 하는 사장의 속내에 대해 곱씹어보게 되었다.

그로부터 2주가량 지나서 다시 사장실에 갔을 때, 그제야 사장이 자신의 행동에 대해 내게 차근히 설명해주었다.

"자네는 내가 두 번에 걸쳐 이야기했음에도 그 의미를 잘 모르겠지? 모르는 것 같으니 설명해주지. 자네가 두 번씩이나 처음 서 있던 곳에서 한 발을 더 떼어 나에게 접근했기에, 내가 반사적으로 가까이 오지 말라고 한 거라네. 그건 나의 오랜 습관이지."

나는 약간 당황했다. 마음속으로 '그 정도 다가섰다고 무슨 큰일이 일어나는 것도 아닐 텐데'라는 생각이 들었다.

그러자 사장은 내 속마음을 간파했는지 이렇게 말했다.

“자네는 무술에 대한 소양이 없기에 사람의 의중을 잘 모르는 거라네. 자네가 무의식적으로 한 발 내게 내디뎠을 때 내 마음이 어떠한지 알고 있나?”

나는 사장에게 “모른다”고 대답했다.

“모른다고? 그러면 보여줘야지.”

갑자기 사장이 나를 향하더니 가볍게 한 발을 내디뎠다. 생각할 겨를도 없이 나는 방어하는 자세를 취했다.

“자네가 한 발 가까이 다가오는 순간, 상대방이 어떤 마음이 드는지 이제 알겠나? 나는 오랫동안 무술을 연마한 탓에 사람과의 간격에 있어서는 꽤 민감한 편이라네. 사업도 마찬가지지. 그러한 일 하나에도 마음을 쓰고 있지 않으면 언제 손해가 날지 모르거든.”

그러고 보니 나는 상대가 걸어오면 무의식중에 내가 먼저 한 발 앞으로 다가서는 습관이 있었다. 사장은 그게 마음에 거슬려 나에게 “가까이 오지 마!”라고 한 것이다.

이후에 회사 여러 사람들에게 사장의 이런 습관에 대해 알고 있는지 물어봤는데, 누구도 사장으로부터 그러한 말을 듣지 못했단다. 왜 그런지는 몰라도 사장이 나한테만 설명해준 것이었다. 사장이 내게 직접 이야기까지 해준 걸 보면 이런 습관은 고쳐야 하는 게 옳은 처사라고 생각했다. 그렇지만 습관이라는 게 그리 쉽게 고쳐지는 것은 아니다.

그날 이후로 사장실에 들어갈 때마다 마음을 다잡지만, 나도 모르게 또 무의식적으로 습관이 튀어나왔다. 그러면 곧바로 깨닫고 한 발 뒤로 살짝 물러난다. 그걸 보고 사장은 가볍게 웃었다.

사장은 나에게 "회사 생활도 무술과 똑같은 진검 승부다. 사람 사이의 간격 하나에도 세심하게 마음을 써야 한다"고 가르쳐주고 싶었던 것이리라. 이러한 조언을 나에게 아끼지 않고 알려준 데 대해 지금도 깊이 감사하고 있다.

그 뒤로 나는 늘 적당한 긴장감을 갖고 업무에 임하고 있다.

회사 경영은 단순하게 생각하라

작금의 가전업계를 관망해보면, 승자와 패자가 분명해졌다. S사와 H사가 뒤처지기 시작했고, 반대로 M사와 또 다른

S사가 본궤도에 올라 있다. 또 다른 S사는 매우 곤란한 상황에 처해 있는 상황이다. 역시 회사는 이익을 내어 세금을 내지 않으면 안 된다.

나는, 재무·경리 분야에서 일하는 사람이라면 기본적으로 회사 역량의 80%는 이익을 만들기 위해 사용해야 한다고 생각한다. 그 이외의 부분은 20%로 할애해야 한다. 이렇게 하지 않으면 회사의 기세는 올라가지 않는다.

예를 들어 《일본경제신문》에서 기업 재무 페이지를 보면, 기사 내용 가운데 80%는 안 보이고 20%만 보인다. 왜 그러할까? 기자가 경영에 대한 식견이 없기 때문이다. 경영을 알지 못하는 상태에서 기사를 쓰기 때문에 어느 정도 화젯거리가 되는 이슈만을 기사화하는 것이다. 매우 의아한 일이다.

기업 경영에서 중요한 것은 매출과 이익이다. 이 두 가지를 모두 포함하고 있는 것은 원가이기에, 매출과 이익을 중시하기 위해서는 필연적으로 원가를 낮추어야 한다. 따라서 외부에서 돈을 벌어들이는 매출과 똑같이, 원가를 낮추는 일이야말로 손을 놓아서는 안 되는 중요한 사안이다.

예를 들어 여러분이 지금 읽고 있는 이 책을 출판사가 서

점에 출고하면, 곧바로 대금이 들어오지 않아도 매출로 잡을 수 있다. 반면 대금이 들어온 순간을 매출로 생각한다면, 매출은 입금하는 시점이 된다.

그다음으로 생각해야 하는 것은 원가다. 여기에는 여러 가지가 포함되어 있다. 먼저 크게 총원가를 생각하자. 큰 기업이라면 매출 원가, 일반 관리비, 지불 이자 등이 있다. 여기에 반드시 세금을 포함시켜야 한다. 이러한 것을 종합하여 총원가라고 한다.

인건비를 예로 들었을 때 회사가 월급을 다음 달 5일에 지불한다면, 이달 말에는 미지불 급여이지만, 다음 달 5일에는 현금이 지불된다. 이렇게 현금 입금과 현금 지출에 주목하는 것이 재무·경리의 업무다.

기업은 현금의 입금을 크게 하고, 현금의 지출은 적게 하려고 노력한다. 그러면 궁극적으로 회사에 이익이 남게 된다. 매우 단순하지만 이렇게 축척해나가는 것이 경영이다. 총원가 중에 매출 원가나 판매비, 일반 관리비, 지불 이자, 세금 등 각각의 항목에 대한 지출을 모두 적게 한다.

현금 입금은 크게, 현금 지출은 적게 한다

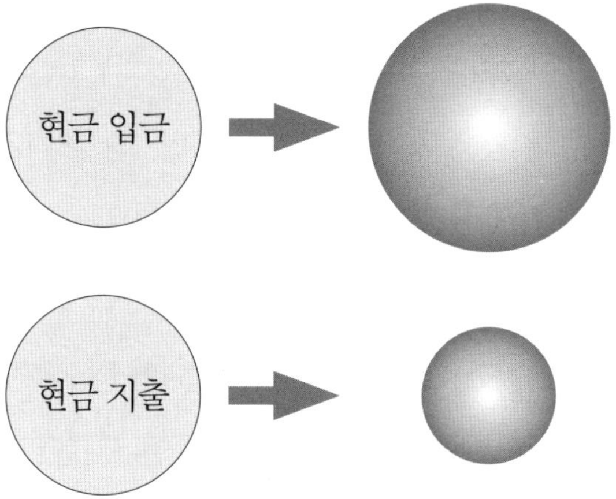

'입금을 크게, 지출을 적게 하면 기업의 이익이 커진다.'

글로벌 기업인 경우에는 세계 각처에서의 입금, 세계 각처로의 지출, 이 차액이 세계 각처에서 얻게 되는 이익이다. 이렇게 생각한다면 글로벌 기업이라 해도 크게 다르지 않다. 이것이 경영의 기본 마인드다.

만약 이러한 생각을 기업 각사에 일본인 7,000명, 세계 도처에 외국인 8,000명인 총인원 15,000명의 그룹에서 사원 모두가 사장과 같은 생각을 갖고 있다면, 회사의 이익은 올라가고 개인은 저마다 자신의 고용을 지킬 수 있다.

따라서 이익이 올라가면 배당을 하여 주주도 소중히 할 수 있다. 한층 더 좋은 제품과 서비스를 통하여 사회에도 공헌할 수 있다. 회사는 어쨌든 이익을 만들어 세금을 납부하기 위해 존재하기 때문이다. 이러한 이해관계자(Stakeholder)가 곧 주주와 사원이다.

앞에서도 얘기했지만, '경영의 신'이라 불린 마쓰시타 고노스케 역시 "이익을 내지 못하는 회사는 악이다"라고 단언했다. 반박할 수 없는 진리라고 생각한다.

지금까지 총원가를 시작으로 경영에 대해 살펴보았는데, 입금과 세금 등을 포함한 출금, 이익 등 어디서도 경영은 고려될 수 있다.

단순 경영의 기본 요소

입금, 출금, 이익이라는 간단한 경영의 근본에는 세 가지 기본적인 요소가 있다. 첫 번째는 정확성(Accuracy), 두 번째는 신속성(Speed), 세 번째는 성실성(Integrity)이다.

'정확성'과 '신속성'은 단어 그 자체에서 볼 수 있듯이 설명이 따로 필요 없다. 하지만 마지막 '성실성'에 대해서는 사람과 시간, 장소 세 가지 측면에서 살펴봐야 한다.

무언가를 전달하고자 할 때는 언제(시간), 어디서나(장소), 누구에게나(사람) 똑같은 내용으로 말해야 한다. 이 세 가지를 기본으로 두는 것이 바로 성실성이다.

앞의 세 가지 기본 요소는 회사를 둘러싼 기업 환경에서 경영 판단을 위해 매우 중요하다. 늘 이 세 가지 요소를 염두에 두고 경영을 해나가야 한다. 하지만 갑자기 뜻하지 않은 커다란 이슈가 터지면 마음먹은 대로 되지 않는 게 또 경영이다. 이 경우 개인 수준의 역량 안에서만 일을 처리하기 일쑤다.

한 예로, 어느 직장인의 연봉을 400만 엔이라고 하자. 대부분의 직장인은 자기가 일한 만큼 돈이 들어오는 게 아니라 수입이 고정되어 있다. 만약 내가 여기서 이익을 남기고 싶다면 지출을 파악하여 줄여나가지 않으면 안 된다. 마찬가지로 모든 사람이 이러한 생각을 회사에 적용하여 일을 한다면, 회사의 이익은 점점 더 증가할 것이다.

개인의 경우, 월급 30만 엔 가운데 20만 엔으로 생활이 가능하다면 10만 엔이 남게 된다. 이것을 저금하거나, 주식을 사거나, 좋아하는 것에 쓰는 모든 행위는 개인의 자유다.

그러나 회사의 자금은 그러한 용도가 아니다. 나는 재무·경리통으로 38년간 일했지만, 회사에 남는 돈이 있어도 업무 이외에는 1엔도 쓰지 않았다. 주식도, 투자 신탁도 일체 하지 않았다.

회사는 사원과 주주, 사회를 위해 존재하는 조직이기에, 방만하게 자금을 운영하는 것을 허용하지 않는다. 개인보

단순 경영의 세 가지 기본 요소

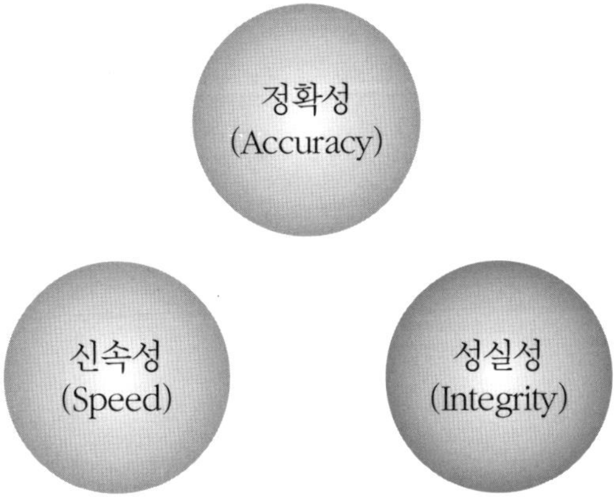

**'이 세 가지 기본 요소 중 한 가지라도 결여된다면,
회사는 운영되기 어렵다.'**

다 회사가 지출에 있어서 매우 엄격한 것은 이러한 이유 때문이다.

회사를 운영하는 데 있어 지출을 고려하지 않는다면 회사는 그 시점부터 내리막길로 치닫게 된다. 제로에서 출발하는데 갑자기 사람을 고용한다면 회사는 바로 망해버린다. 창업 초기에는 누구나 스스로 할 수 있는 일을 자발적으로 해야 하는데 자기 역할을 다하지 않으면, 출금이 입금을 초과해 이익이 적자로 돌아서기 때문이다. 이 사실을 잊지 말아야 한다.

회사는 사람들을 행복하게 만든다

사장의 솔선수범이 회사를 움직인다

회사 경영에서 입금과 출금의 사고방식을 철저히 갖추기 위해서는, 비용에 관여하고 있는 모든 직원이 영업에 관해 이해하고 있어야 한다. 간단한 이치 같지만 매우 효과적이다. 이것을 구체적으로 실행하기 위해서는 사장이 솔선수범하는 모습을 보여주는 것이 가장 좋다.

내가 모셨던 사장은 매일 아침 7시에 출근해서 세계 각지의 매출과 출하량, 경비의 도표부터 들여다본다. 그것도 전체적으로 대략적인 파악이 아니라 개별 항목 하나하나를 세

밀하게 체크한다. 그리고 변화가 있는 부분은 부하에게 표시해두라고 한다. 매일매일 이러한 일과를 거치기 때문에 무언가 특별한 일이 생기면 사장은 누구보다 빨리 문제점을 파악한다.

예를 들어, 어떤 고객사의 주문이 감소했다면 그 원인이 무엇인지 파악하기 위해 세계 각처의 정세를 포함하여 하나하나 비교해본다. 그래서 원인을 찾으면 바로 조치를 취한다. 7시부터 서류를 보기 시작해서, 8시 반부터는 세계 각처에 전화를 건다. 이를 통해 알게 된 동향과 추가적으로 고려해야 할 사항들을 정리하여 저녁에 통보한다.

그러면서 사장은 늘 직원들에게 "괘씸하다"고 불평을 늘어놓는다. "이 회사는 평사원의 일까지 전부 나에게 맡긴다"고 말이다. 그러고 나서 사장은 귀가한다.

이러한 사장의 솔선수범을 매일매일 눈앞에서 목격한다면, 어떤 직원도 게으름을 피우거나 농땡이를 부릴 수가 없다. 사장이 아무리 직원들에게 좋은 말을 해줘도, 사무실에서 거드름 피우는 모습을 본다면 직원은 사장을 믿고 따르려 하지 않을 것이다.

사장이 특별히 관심을 갖고 예의주시하는 곳은 해외다. 해외 사업장은 멀리 떨어져 있는 데다 사원들이 대부분 외국인이기 때문에 손 놓고 있으면 끝장이다. 국내는 사장을 지원하는 사람들이 많기 때문에 전화 한 통이면 대부분의 일이 처리된다.

마침 사장이 관심을 쏟고 있는 자회사 중 하나가 매우 우수한 경영 실적을 달성했다. 이 회사의 직원은 총 230명으로, 연간 경상이익이 271억 엔이나 될 만큼 엄청난 규모의 회사다. 이 회사는 더 이상의 합리화가 필요 없을 정도로 체계화되어 있어, 230명 중에 경리는 4명이고, 2,000억 엔 정도의 매출 규모임에도 불구하고 영업사원은 고작 8명뿐이다.

이 정도 규모에서도 의사 전달은 매우 간단하게 이루어진다. 게다가 미국인들은 일본인과 비교했을 때 목적만 명확히 설정해놓으면 확실하게 자기 업무에 임한다. 이 회사는 〈일본경제신문〉의 '제조업 대상'에 선정되기도 했다.

사장은 솔선수범하여 방향성을 제시하고, 철저하게 현금 입금을 높이고 지출을 줄여감으로써 여기에서 생긴 이익을 다음의 설비투자에 사용했다. 이러한 단순한 업무 방식은 그룹 전사적으로도 모범으로 삼아 응용하고 있다. 방법이 단순하기 때문에 제일선의 직원들에게도 공유하고 있다. 복잡한 방식은 결코 좋지 않다.

경영은
'단순한 것이 가장 좋다(Simple is Best)'

이처럼 물 흐르듯 이어가는 경영이 최고이며, '단순한 것이 가장 좋은 것(Simple is Best)'이다. 그렇다면 회계는 무엇을 위해 존재할까? 회사가 정해놓은 큰 틀에서 이익을 올리고, 세금을 납부하기 위해 존재한다. 흔히 기업에서 회계 부서는 불법을 저지르지 않기 위해 만전을 기하지만, 본래 회계는 인간을 행복하게 하기 위해 존재하는 것이다.

사람들은 가능하면 '세금을 덜 납부하고 싶다'고 생각하게 마련이다. 하지만 이러한 사람들은 이익이 충분히 발생하지 않기 때문에 세금을 납부하는 게 아까운 것이다. 충분한 이익이 발생했다면, 회사의 경우 40%에 해당하는 세금을 기꺼이 즐거운 마음으로 지불할 수 있다.

그렇다면 기업은 어떻게 충분한 이익을 만들어낼 수 있을까? 이에 대한 해답은 아이들을 관찰해보면 바로 알 수 있다.

미국에서는 아이들이 집에서 심부름을 한다. 필사적으로 설거지도 하고, 세차도 한다. 용돈이 필요하기 때문이다. 이렇게 번 용돈으로 자기가 원하는 걸 살 수 있다. 하지만 돈이 부족하면 엄마에게 빌리거나, 다른 데 쓸 돈을 절약해야 한다. 입금과 출금의 균형을 자연스럽게 터득해나가는 것이다.

이 같은 아이들의 사고방식을 회사 임직원들이 갖는다면 회사의 이익은 늘어나고, 사원들은 즐겁게 일할 수 있는 환경이 뒷받침될 것이다. 그러나 나만은 예외라고 생각하고 경비를 여유롭게 사용하겠다고 생각한다면 이익은 증가하기 어렵다.

상사가 솔선수범하여 이익을 높이기 위해 노력하는 모습을 보여주는 등 이러한 풍토가 잘 자리 잡은 회사에서는, 사원들도 불평 없이 업무에 임하게 된다. 상사가 그렇지 않다면 당연히 사원들도 경비를 아껴 쓰겠다는 마음이 들지 않을 것이다.

내가 펴낸 책 가운데《경리부장이 권하는 사내 접대》에 따르면, 회식 자리에서 상사가 회사 경비로 1차를 지불하고, 영수증을 받아서 귀가하도록 충고하는 내용이 있다. 그렇게 하면 회식 자리가 2차, 3차로 이어지지 않기 때문에 경비가 절약된다.

결국 회삿돈으로 회식비를 냈다고 하더라도, 상사가 귀가할 때 부하들은 "잘 먹었습니다"라고 말할 수밖에 없다. 이것이 당연한 예의이기 때문이다. 경비를 쓴다는 것은 상사의 권한이기 때문에 그 권한에 대해 예를 표하는 것이다.

한편 가장 최악의 상황은 고객으로부터 접대를 받는 경우다. 한번은 부장이 고객사의 사장으로부터 접대를 받았는데, 거절하면 예의가 아닐 것 같다는 이야기를 내게 전했다.

나는 "고객사의 사장이 회삿돈을 사용했는지 아니면 개인 돈을 썼는지 확인한 다음, 만약 개인 돈을 썼다면 꼭 대접 잘 받았다는 인사를 하라"고 조언을 해줬다. 왜냐하면 만약 그게 사장의 개인 돈이라면, 그것은 세금을 납부한 상태이기에 융숭한 대접을 받은 것이나 다름없기 때문이다.

회사는 주주에게 어떠한 태도를 취해야 할까?

그렇다면 회사는 주주에게 어떠한 태도를 취해야 할까?

최근의 벤처기업이라면 배당하기보다 주가를 올려 주식 분할을 통해 주주에게 보상하는 방법을 취할 것이다. 이것을 어떻게 생각해볼 것인지는 주주가 어떠한 부류의 사람인지에 따라 결정된다.

예컨대 적어도 2년은 주식을 갖고 있으려 하는 사람이 있는가 하면, 오늘 사서 오늘 팔려는 사람도 있다. 두 종류의 주주 가운데 어디에 중점을 둘 것인가에 달려 있다.

벤처기업의 다수는, 상당수의 주주가 바로 사서 바로 파는 사람들이라는 것을 잘 알고 있다. 따라서 안정적인 배당을 하여 주주를 기쁘게 해주는 것보다는 주가를 올리는 쪽이 더 중요하다고 생각한다. 이것은 지금까지 20여 년간 미국 회사들의 생각으로, 마이크로소프트와 같은 탄탄한 회사도 배당보다는 주가를 올리는 데 더 주력해왔다.

그렇지만 대부분의 사람은 자신이 돈을 벌고 있을 때는 침묵을 지켜도 주가가 내려가면 불평을 늘어놓기 시작한다. 미국 IT업계에서 버블 붕괴가 엄습했을 당시, 그때까지 무배당에 침묵하고 있던 주주들 사이에서 "왜 배당하지 않는가?"라는 동요가 일어났다. 이에 따라 다급해진 마이크로소프트는 배당을 시작했다.

한편 내가 몸담고 있던 회사는, 주식을 장기간 갖고 있는 주주를 위해서 안정적인 배당을 하는 것을 기본으로 했다. 그렇다 해도 "충분한 이익이 있지 않은가. 추가 배당을 하라"고 불평하는 주주도 늘 있게 마련이다.

사장 입장에서는 "우리 회사의 주식은 반드시 오를 것이기 때문에 배당은 이 정도로도 충분합니다"라고 토로하고 싶겠지만, 사장이 이렇게 발언한다면 바로 대표이사 소송에 휘말리고도 남는다. 그리하여 회사는 어쩔 수 없이 20엔의 배당을 35엔으로 올렸다.

그러자 어느 증권 애널리스트가 사장에게 "사장의 연령만큼 금액을 배당하면 어떻겠습니까?"라고 질문했다. 사장은 바로 그 자리에서 "그렇다면 20엔으로 되돌려야겠군요"라고 답했다. 자신은 여전히 20세의 젊은이라는 것이다. 그러나 배당을 하지 않는 방침을 갖고 있는 회사는 아무리 많은 이익을 내었다 해도 배당은 제로다. 그 대신 주가가 올라가면 매각하여 그 차액만큼 이익이 된다.

만약 주가가 올라 300엔이 되었다면, 1년간 주식을 갖고 있을 경우 35엔의 배당보다 훨씬 많은 이익을 올릴 수 있다. 이는 주주의 의향과 경영자의 생각이기 때문에 무어라 말하기 어렵지만, 배당하지 않고 주가를 올리는 쪽만 의식한다면 경영이 모험주의가 되어버린다.

회사는 좋을 때도 나쁠 때도 있고, 순풍일 때도 역풍에 모진 시기를 겪을 때도 있다. 그렇기 때문에 한 가지 상태인 성장만을 자신들의 의무라 생각한다면 어떤 상황에서는 무리가 따르게 마련이다. 더욱이 지금은 인터넷 거래가 자유로워지면서 젊은이들이 주식에 열을 올리고 있는데, 사실상 주식으로 안정적인 이익을 내는 게 그리 쉬운 일은 아니다.

주식으로 돈을 많이 벌 수 있는 경우는 다우지수 평균이 저점일 때 사서 적어도 3년간 장기 보유할 경우에 가능하다고 본다. 일일 단위로 주식을 사고팔아 이익을 내는 것이 얼

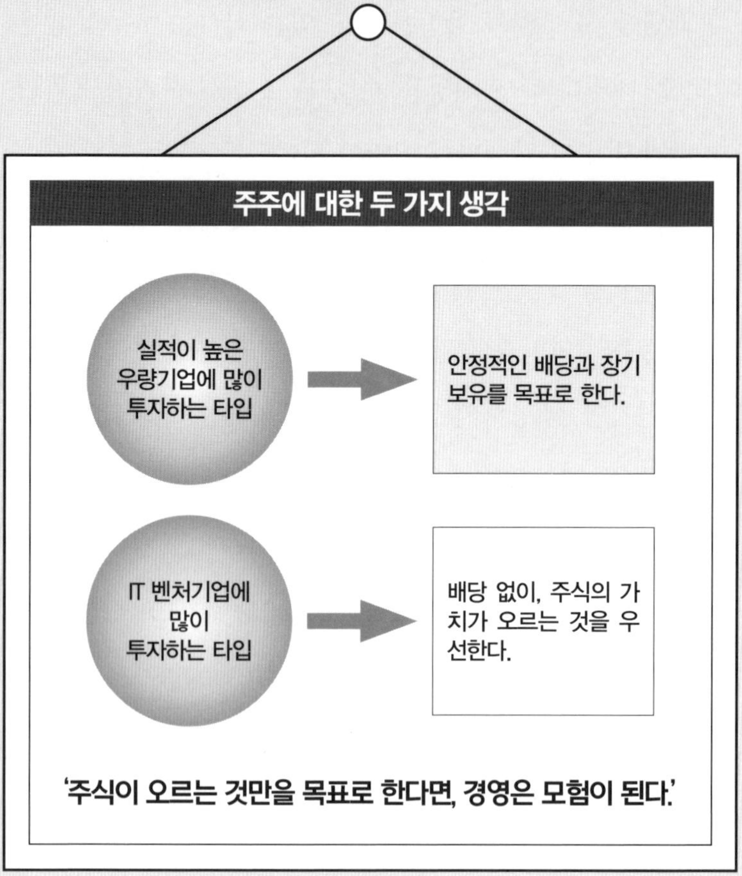
주주에 대한 두 가지 생각
실적이 높은 우량기업에 많이 투자하는 타입
안정적인 배당과 장기 보유를 목표로 한다.
IT 벤처기업에 많이 투자하는 타입
배당 없이, 주식의 가치가 오르는 것을 우선한다.
'주식이 오르는 것만을 목표로 한다면, 경영은 모험이 된다.'

마나 정신없고 힘든 일인지 잘 몰라서 하는 말이다.

나는 주식을 공부하는 젊은이들에게 좋은 회사의 주식은 장기간 보유하는 것을 권하고 싶다. 그러한 방법이 공부가 되기 때문이다. 특정 주식을 장기간 보유하고 있으면 '회사 정보'나 '회사 사계보' 등 재무제표를 자연스럽게 살펴봄으로써 좋은 회사와 나쁜 회사를 자신의 눈으로 선별할 수 있게 된다.

나는 매주 일요일 아침마다 아내와 함께 시민회관에서 사교댄스를 배운다. 그런데 내가 어려운 스텝을 열심히 하고 있으면, 아내가 한마디 한다.

"단순한 게 가장 좋은 거예요(Simple is Best)."

평소 내가 내뱉는 말과는 거리가 먼 행동을 하고 있다는, 한마디로 까칠한 지적이다.

나의 보스는 주주뿐

내가 모셨던 사장 가운데 '나의 보스는 주주뿐'이라는 신념을 갖고 있는 분이 있었다. 이 말은 경영자로서 프로 의식에서 나온 말이지만, 사장의 강한 자기 억제력이 어디에서부터 나오는지를 잘 알려주고 있다.

주주로부터 경영권을 위임받은 이상 사장은 경영에 대한 모든 책임을 져야 한다. 주주가 추구하는 것이 회사의 이익이기 때문에 이익 추구를 위한 일체의 경영 방침을 짜고, 최고의 계획을 추진해나간다. 이것이 주주를 보스로 모시고 있는 경영자의 입장이다.

이를 위해서는 모든 상황에서 위험의 싹을 누구보다 빨리 파악하여, 회사를 안전한 방향으로 이끌 수 있는 키를 잡고 있어야 한다.

예컨대 이익이 조금 감소하더라도 위험 요소를 하나씩 제거해나가는 것이 주주로부터 신뢰를 얻는 사장의 역할이다. 이 '리스크 매니지먼트'의 경영 방침을 오래전부터 실시해 왔기에 매출과 이익 모두에서 비약적인 성장을 이루어냈다.

또한 '나의 보스는 주주뿐'이라는 생각은 사내에서도 절대적인 리더십을 발휘한다. 취해야 할 행동의 방향성이 보이면, 사장은 어떠한 상황에서도 주저하지 않고 지시를 내려 좋은 결과를 만들기 위해 최선을 다한다. 이처럼 엄격한 지도자로 거듭날 수 있는 것은 주주로부터 전권을 위임받았기에 가능하다.

그런데 만약 사장이 '나의 보스는 주주뿐'이라고 생각하지 않고, '나의 보스는 나다'라고 착각하고 있다면 어떻게 될까? 실제로 우리 주변에도 이렇게 생각하는 사장이 적지 않다. 이 경우 위험을 과소평가하고 보다 큰 이익만을 추구하여 모험주의적인 경영이 되고 만다. 프로 경영자가 되기보다는 투기적인 자세를 취하기 때문이다.

회사는 '지금 이 순간이 정점'이라고 생각할 때부터 내리막길이 시작된다. 만약 주주를 무시하고 '자신이 최고'라는 생각을 갖는다면, 자기 억제의 냉정함을 잃고 좁은 시야에 갇혀버리게 된다. 그 결과 숫자 뒷면에 내포되어 있는 상황을 읽지 못하고, 취하지 말아야 할 리스크까지 손대는 상황이 발생한다.

그런 점에서 '나의 보스는 주주뿐'이라는 생각을 갖고 있는 사장의 신념은, 그가 곧 훌륭한 경영을 하고 있다는 증거다.

긴장할 수 있는 '상호 주식 보유'는 좋다

한때 일시적으로 비판받았던 '상호 주식 보유'가 최근 들어 다시금 부활한 듯한 모양새다. 나는 기업 간 '상호 주식 보유'는 중요하다고 생각하기에 상호 보유에는 찬성한다. 하지만 성장 가능성이 없는 회사 간 상호 지분 참여는 나쁘다고 본다.

과거 대부분의 은행은, 경영에는 손을 놓고 상호 보유 주식회사를 억누르기만 했다. 그리하여 은행은 불량 채권으로 곡예타기 경영을 한 결과 배당도 없고 주가도 오르지 않았다. 이 때문에 은행 주식을 보유하고 있는 기업은 거의 메리트가 없었다. 마침내 기업도 불황으로 허덕이다가 실적이 나빠져 배당을 할 수 없게 되었다. 이것이야말로 양쪽 모두에게 좋지 않은 결과다.

나는 은행도 확실하게 자기 경영을 하여, 은행의 주가를 상승시켜 기업과 상호 보유하는 쪽으로 나아가야 한다고 생각한다. 이익이 증가해 주가가 올라가면, 주식을 보유하고 있는 쪽도 손해를 보지 않기 때문에 상호 보유가 결코 나쁘다고만은 할 수 없다.

최근에 주식의 상호 보유가 주목받게 된 것은 기업 인수합병(M&A)과 관련이 있다. 적대적 기업 매수가 두렵기에, 안정적인 주주를 만들어놓고 싶은 마음이 다시금 상호 주식 보유를 긍정적으로 생각하는 계기가 되었다.

그러나 이것이 상호 주식 보유의 본질은 아니다. 우량회사 두 곳이 상호 지분을 보유하고 있다면 적대적 M&A를 두려워할 필요가 없고, M&A로 인해 상호 지분 보유를 논의할 필요도 없을 것이다. 오히려 상호 간 지분 보유는 긴장감을 갖고 있는 관계가 건전하다고 하겠다.

주식의 상호 보유가 M&A로 화제가 된 이유는, IT기업에 의한 대중매체의 적대적 M&A 소동 때문이었다. 처음에는 특이하다고 할 만한 이유로 뉴스가 되었지만, 어느 정도 시간이 흐른 뒤에 나타난 여론은 '역시 의심스럽다'는 방향으로 귀착되었다.

M&A를 이끌며 세간의 주목을 받은 어느 기업의 사장은 처음에는 마치 영웅처럼 비쳤지만, '역시 돈 버는 게 목적이었네'라는 생각을 사람들이 하는 시점이 되면서 단숨에 내리막길로 전락해버렸다. 똑같이 차례차례로 기업 인수 합병을 추진했던 투자 그룹도 여론의 역풍에 침묵할 수밖에 없었다. 과연 돈 벌기에 혈안이 된 일이었음이 국내에 알려지면서, 더 이상 무모하게 M&A를 전개하는 것이 불가능했다.

그들의 의심스러운 행동을 알아차리는 것은 전혀 어려운 일이 아니다. 중요한 것은, 인수 합병을 방어하는 회사에서도 주의를 기울여야 한다는 사실이다. M&A는 기존 주주에서 새로운 주주로 이전하는 것이다. 그렇기에 기존 주주에 속해 있던 경영자가 새로운 주주와 싸워야 하는 묘한 일이 발생한다.

회사를 이보다 더 좋게 만들 수 있는 것은 본래 경영자뿐

올바른 주식 상호 보유는 나쁘지 않다

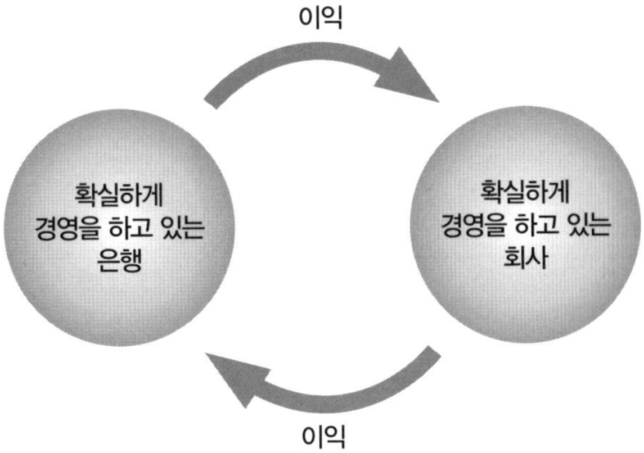

'상호 간에 이익을 공여하는 주식의 상호 보유는 이상적이다.'

이라고 생각한다면, 애초에 주주가 바뀌는 일 따윈 없었을 것이다. 이것이 기본임에도 불구하고, 그들의 소동으로 인하여 세상 사람들 모두에게 경영자의 역량을 알리게 된 꼴이 되었다.

그런데 이 일로 인하여 '경제산업성(우리나라의 산업통상자원부에 해당된다 – 옮긴이) 연구회'까지 판단이 흐려졌는지, '기업가치연구회'에서 적대적 M&A의 방위책에 대해 연구하기 시작했다. 가령 기업 가치를 판단할 때 주가가 높은 것이 좋은 것인가, 좋은 제품을 만들어 사회에 파는 것이 좋은가, 직원의 고용을 지키는 것이 좋은가 등을 연구하는 것이다.

하지만 M&A 방위책 연구라는 것은 기업의 가치와는 관계가 없다. 회사 경영을 제대로 해서 이익을 만들어 세금을 납부하여 사회에 공헌하거나, 기업의 가치를 높여 주가를 올리는 회사들끼리 상호 간에 주식을 보유한다면 M&A를 두려워할 이유가 없고, 자원 낭비도 생기지 않는다.

M&A가 두렵다면 수익을 내는 회사로 만들어 스스로가 최고의 경영자라는 것을 보여주면 된다.

4장

유능한 사장은 재무 · 경리를 이렇게 활용한다

재무·경리를
우쭐하게 만들지 않는다

재무·경리 사원은 두 명이면 된다

'유능한 사장'은 작은 현장의 일부터, 규모가 크고 난해한 일까지 능숙하게 처리한다. 단적으로 말하면, 복사 한 장 하는 일부터, 거액의 해외 투자 건에서 자금을 지불해야 하는 판단 능력까지 두루 갖추고 있어야 한다. 만약 회사의 규모가 작다면 사람을 고용하지 않고도 스스로 모든 업무를 처리할 수 있어야 한다. 이것이 '유능한 사장'의 모습이다.

신입사원이 볼 때 사장은 굵직한 일만 하고 있을 것이라고 생각할지도 모르겠지만, 신입사원과 동일한 업무를 훨씬 능숙하게 하는 것은 물론이고, 고도의 경영 판단을 요하는 업무도 능숙하게 해내는 게 사장이다. '유능한 사장'이라면 어떤 의미로는 슈퍼맨과 동의어라고도 할 수 있다.

그뿐만이 아니다. '유능한 사장'은 여러 가지 업무의 본질을 파악하고, 그 가운데 중요한 것만을 추출하여 처리하는 능력도 갖추고 있어야 한다.

내 과거를 비추어보면, 나는 재무·경리 업무만 가지고도 셀 수 없이 많은 지적을 받았다. 재무·경리를 담당하는 사원은 회사에 절대적으로 필요하지만, 사장은 늘 2명이면 충분하다고 말해왔다. 사원이 10명인 회사도, 1만 명인 회사도 재무·경리 사원은 2명이면 충분하다는 것이다.

왜 2명일까? 재무·경리의 업무를 집약해보면 '입금을 정확히 하는 일'과, '지불을 정확히 하는 일' 두 가지로 나뉘기 때문이다. 입금과 지불이 확실하게 구분되어 있다면, 그 중간에 '외상 매출금'이나 '외상 매입금', '차입' 같은 요소가 있다 해도 기본적으로 곤란한 상황에 처하지 않는다. 어쨌든 들어오는 것과 나가는 것을 확실하게 관리하여, 그 차액

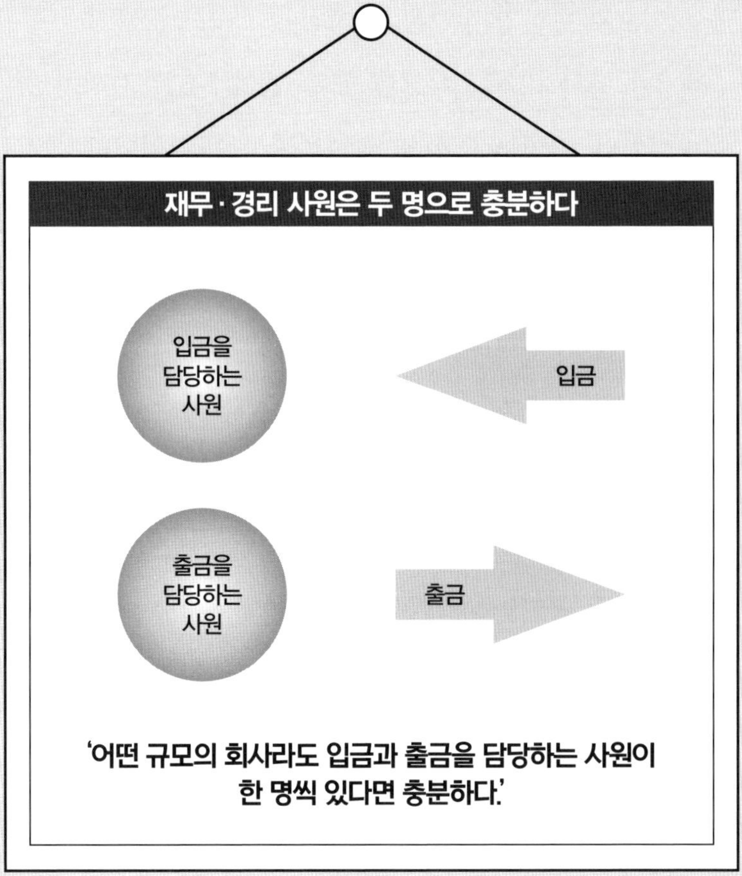
재무 · 경리 사원은 두 명으로 충분하다
입금을 담당하는 사원
입금
출금을 담당하는 사원
출금
'어떤 규모의 회사라도 입금과 출금을 담당하는 사원이 한 명씩 있다면 충분하다.'

을 이익으로 한다면 경영은 가능하다.

하지만 당시 내가 근무했던 재무·경리부서는 사원이 총 44명이었다. 경리부에 29명, 재무부에 15명이 있었다. 회사의 규모로 본다면 결코 많은 숫자는 아니지만 사장은 늘 "왜 이렇게 많은가?"라고 지적했다.

사장이 몇 번이고 계속 지적을 하자, 나는 어느 날 임원회의에서 "2년 내에 44명을 절반으로 줄이겠다"고 선언을 했다. 임원들이 깜짝 놀랐지만, 나는 회사를 퇴직하기 직전까지 25명으로 줄이는 데 성공했다.

물론 사장은 "2명으로 줄이라고 했더니, 아직까지 25명이나 있군"이라며 시큰둥했다. 그러나 사장이 처음에 "재무·경리의 인원을 절반으로 줄여"라고 말했다면, 아마도 25명으로 줄이는 데 몇 년이 더 걸렸을지도 모른다. 사장이 업무의 본질에 대해 정확히 꿰뚫고 있으면서 2명으로 줄이라고 극단적으로 말했기에 절반 가까이 줄일 수 있었다.

한편, 만약 사장이 이치에 맞지도 않게 단지 사원만 줄이라고 지시했다면 결코 이 정도로 줄이지 못했을 것이다. 본질을 깨닫지 못하면, 사원의 저항이 만만찮을 것이기 때문이다. 그렇다 해도 무리해서 직원 감축을 감행했다면 회사의 평판이 안 좋은 방향으로 갈 수밖에 없었을 것이다.

'입금과 출금만으로 충분하다'라는 발상은, 훌륭한 경영자만이 간파할 수 있는 경영의 본질이다.

회계사가 기업과 유착하게 되는 이유

한때 가네보(일본 화장품 제조업체)의 분식결산에 가담했다고 밝혀진 회계감사회사가 대대적으로 보도되면서 큰 화제가 되었다. 이에 따라 공인회계사감사/심의회와 공인회계사협회도 분주해졌다. 그렇지만 기업이 회계감사회사에 보수를 지불하는 구조인 이상 이러한 문제는 좀처럼 사라지지 않으리라고 생각한다.

회계업계에서는 대금을 지불해주는 기업을 '클라이언트(Client, 의뢰인)'라고 부른다. '누가 나에게 돈을 주는가'로 생각해보면 마땅히 고객이라고 불러야 한다고 주장하는 사람도 있지만, 회계사들은 지금껏 클라이언트로 불러왔다. 나는 이것이 실태를 얼버무리고 있다고 생각한다.

주의 깊게 살펴봐야 하는 상대방으로부터 보수를 받는다는 것은, 우량기업을 감사한다면 문제가 없지만, 상대가 분식결산을 해야 하는 상황이라면 리스크가 크다. 회계사도 영업이기 때문에 이익을 만들어야 하고, 상대 측 회사가 "요구한 대로 해주지 않으면 계약을 취소한다"고 위협한다면 양심을 버리고 분식을 눈감아주는 일이 비일비재할 수밖에 없다. 그리하여 결산을 속이면 아무리 결산서를 보는 눈이 좋다고 하더라도 기업의 정확한 모습을 파악할 수가 없다.

본래는 감사를 성실히 수행했는가의 여부에 따라 보수를 책정해야 하지만, 상대에게 대금을 받는 현행 시스템에서는 이런 규제를 단속할 방법이 없다.

앞으로는 일정 이상의 대기업이 분담금을 내고, 그 돈으로 회사와 직접 관계가 없는 협회와 연합하여 감사 법인이나 회계사의 보수를 그곳에서 받는 시스템으로 바뀌어야 한다. 보수를 기업으로부터 직접 받기에 유착 관계가 형성되는 것이다. 다른 곳으로부터 보수를 받는다면 확실하게 감사를 할 수 있다.

감사를 어떻게 봐야 하는가?

그렇다면 '유능한 사장'은 감사에 대해 어떻게 생각하고 있을까. 나는 재무·경리 담당자로서 감사 보수를 지불하는 입장이기에 이것을 비용으로 보고 절감하려고 했다. 대부분의 회계사들은 감사 보수를 주주의 대리인으로서 받고 있다고 생각하기에 회사에 머리를 숙일 필요가 없다고 주장하지만, 결코 그럴 수 있는 입장이 아니다.

내가 근무한 회사는 감사 보수 금액이 5,000만 엔 정도였다(앞서 언급한 가네보의 경우 1억 엔에 가까웠다). 그 정도로 고액이기 때문에 나는 감사 내용을 분석해서 철저하게 비용을 절감하려고 했다. 그러자 사장실로부터 호출이 왔다.

"자네는 구두쇠인가? 전문가는 프로로서 회사에 아낌없이 조언하는 게 일이라네. 그런데 그 대가를 낮추면 그들이 제대로 일을 할 수 있겠나? 자네가 지금 약자를 괴롭히고 있는 게 아니면 뭔가."

이 일화 말고도 사장은 회계사들과 함께하는 회식 자리에서 다음과 같은 이야기도 했다.

"여기 계신 모든 분들에게 부탁이 있습니다. 우리는 철저하게 매출을 만드는 일을 합니다. 이익을 내어 세금을 납부하기 위해 일을 하고 있습니다. 법을 위반하는 일은 하지 않겠지만, 만에 하나 그런 일이 발생한다면 저희로서도 매우 곤란한 상황이 되기에, 전문가 여러분이 철저하게 감사해주셨으면 합니다. 그래서 긴히 부탁드립니다만, 당사에 무언가 문제점이 있다고 판단되면 최대한 빨리 알려주시기 바랍니다. 그렇게 해주신다면 제가 최대한 빨리 대응할 수 있도록 조치를 취하겠습니다."

그 얘기를 듣고 회계사들이 감동하여, "사장이 이렇게까지 생각해주시면 우리들은 안심하고 일할 수 있지요"라며 기뻐했다.

이것이 올바른 경영자의 자세가 아닐까. 이 세상에는 교묘

하게 빠져나가기에 급급하거나 수단과 방법을 가리지 않고 비리를 숨기는 경영자도 있지만, 그렇게 하면 회사는 십중팔구 망하게 마련이다.

10년 전 가네보의 분식 사건을 비롯해 현재까지 "문제가 있으면 빨리 보고하라"는 경영 철학을 사장이 가지고 있었다면, 그러한 사태는 생기지 않았을 것이다.

비용 절감은 이익을 위해

교제비 제로, 골프 비용도 제로

골프 회원권은 회사가 돈을 지불하여 구입했다고 해도, 어찌된 일인지 개인 명의로 등록하게 되어 있다. 소유권은 회사가 갖고 있지만 등록은 개인 명의다. 그래서 등록자가 전출이나 그룹 계열사 간 이동으로 불가피하게 다른 사람의 명의로 이전해야 할 경우 100만 엔부터 300만 엔 사이의 명의 변경료를 지불해야 한다.

한번은 전근으로 인한 명의 변경 건 때문에 품의를 올렸는데, 승인을 받지 못했다. 회사 간 이동을 이유로 외부에 돈을 지불하는 것은 이치에 맞지 않다는 게 이유였다.

나는 30세 때부터 3년간 정신없이 골프를 쳤지만, 문득 거기에 드는 시간과 돈이 아까워 단호하게 끊어버렸다. 그 이후로 골프를 하지 않았다. 하지만 골프가 접대하기에는 매우 좋은 수단이라고 생각하고 있다. 그래서 "명의 변경은 일종의 필요 경비라고 봅니다"라고 사장에게 의견을 말했다가 또다시 꾸중을 들었다.

"골프를 하지 않으면 매출이 오르지 않다고 말하는 것은 있을 수 없는 일이네. 무릇 골프 회원권을 회사가 구입하는 자체가 잘못이지. 미국이나 유럽에서는 회삿돈으로 접대하는 일조차도 없다네. 대신 급여를 충분히 주어 교제비는 자기 급여에서 사용할 수 있도록 하게. 교제비만큼은 자기 돈으로 지불하는 것이 기본이라네."

그러면서 사장은, 나도 사장도 골프를 하지 않는 걸 언급하면서 이렇게 말했다.

"그래도 하지 않는 사람이 하는 사람을 괴롭히는 상황이 되어서는 안 되겠지. 이번만은 특별히 고려하도록."

나는 어찌할 수 없이 명의 변경 비용을 동결했다. 그 이후

나는 자발적으로 회사를 사직했다. 그로부터 2, 3년이 지나서 들은 바에 따르면, 회사는 사내 골프 회원권을 모두 매각해버렸다고 한다. 골프장의 개인 라커는 연간 회원제지만, 이것은 개인 소유이기에 누구도 골프를 하고 싶지 않게 되었다는 게 주된 원인이었다.

불황기에 재테크는 1엔도 하지 않았다

나는 재무·경리 담당 임원으로서 재테크에는 1엔도 투자하지 않았다. 주식은 한 주도 사지 않았고, 원금이 보증되지 않는 투자신탁도 일체 하지 않았다. 왜냐하면 재테크가 내 본업은 아니기 때문이다. 직원은 자기 본업에 전력 질주해야 한다.

주식이나 투자신탁은 원금 보증을 하지 않는다. 개인이 자기 돈으로 투자를 해서 손해를 보는 것은 문제가 되지 않지만, 회사 자금을 내가 손해 보게 할 수는 없었다. 따라서 나는 회사의 자금 운영을 원금 보증이 가능한 것으로만 했다.

그러나 버블이 최고조에 달하던 상황에서, 이렇게 생각하는 사람은 나 혼자뿐이었다. 모두가 투자를 하고 있는 와중에 "왜 우리 회사만 멍청이처럼 정직하게 원금 보증이 가능한 자금 운영을 하고 있는지 모르겠다"라는 소리를 회사 안팎의 많은 사람들로부터 들었다. 은행, 생명보험회사, 손해보험회사, 증권회사의 관계자한테까지 별종 취급을 받았다.

그렇지만 회장과 사장만은 아무 말도 하지 않고 모든 것을 나에게 맡겼다. 그 덕분에 회사는 버블 붕괴로 1엔의 손해도 보지 않았다. 그 당시 대기업으로서 전혀 피해를 입지 않은 회사는 우리 회사가 유일했다.

그 일이 있고 나서 금융청의 고문으로 나를 위촉하고 싶다는 제안을 받았다. 그 자리는 금융청장의 바로 아래였기에 일개 회사의 임원이 올라갈 수 있는 자리가 아니었다. 당시는 금융청의 전신으로 금융감독청으로 불렸지만, 설립준비실장이 우리 회사를 방문했다.

"내각으로부터 가네코 씨를 추천받았습니다. 전문 분야인 '기업회계'의 고문이 되어주시지 않겠습니까?"

1시간 전에 총리의 승인을 얻어 왔다는 것이다. 나는 '엄청난 일이 되어버렸다'고 생각했다. 일단 회사의 승인을 받아야 했다. 그래서 실장에게 회신을 조금 기다려달라고 했다.

회사의 승인은 쉽게 받을 수 있으리라 생각했다. 금융청의 고문이라고 하면, 은행의 총재보다도 훨씬 신분이 높기 때문이다.

먼저 인사 담당 부사장에게 갔다. 예상했던 대로 "명예로운 자리에 가다니 훌륭하군. 자네의 명예이기도 하지만 회사의 명예이기도 하다는 걸 잊지 말게"라고 말씀해주셨다.

그다음으로 사장에게 갔지만, 사장은 "그것은 그것대로 좋은 일이지만, 자네는 총경비효율화위원장이 아닌가. 그럼에도 불구하고 지금 진행하고 있는 이 상황이 어정쩡하지 않은가?"라며 30분 내내 혼쭐을 냈다.

내가 있는 회사는 규모가 상당해서 당시 연간 230억 엔의 본사 경비가 소요되었다. 이 비용을 절감하기 위해 나는 총경비효율화위원장으로 3년에 걸쳐 50억 엔을 절감했다. 경비는 곧 지출이기에 이것을 줄인 결과 이익 증가로 연결되었다.

그런데 사장은 "50억 엔 정도의 합리화로 만족하면 어떡

하나"라고 충고했다. 더구나 그러한 행동(회사 일을 놓고 나라의 요청을 받아서 회사를 떠나는 일)은 회사를 위해서는 좋지 않다고도 조언했다.

복사 용지 절약은 하지 말자

나는 전 사원에게 경비 절감에 대한 아이디어를 공모하여, 유익하다고 생각되는 방안을 채택하였다. 그중에 '복사 용지 절감'이라는 내용이 있었다. 그런데 이것이 사장의 분노를 샀다.

"우리 회사는 자회사와 관련 회사를 포함해 일본에 7,000명, 해외에 8,000명, 총 15,000명의 사원이 있는데, 이 사람들에게 복사 용지 절약 같은 하찮은 일을 강요하는 것이 무슨 소용이 있는가. 이는 경영 방침 위반이 아닌가."

즉 사장이 말하고 싶은 것은, 복사 용지 매수를 기계적으로 줄이는 일처럼 사원들이 머리를 쓰지 않는 비용 절감을 하지 말라는 뜻이었다. 그보다는 전 사원에게 '모든 서류는

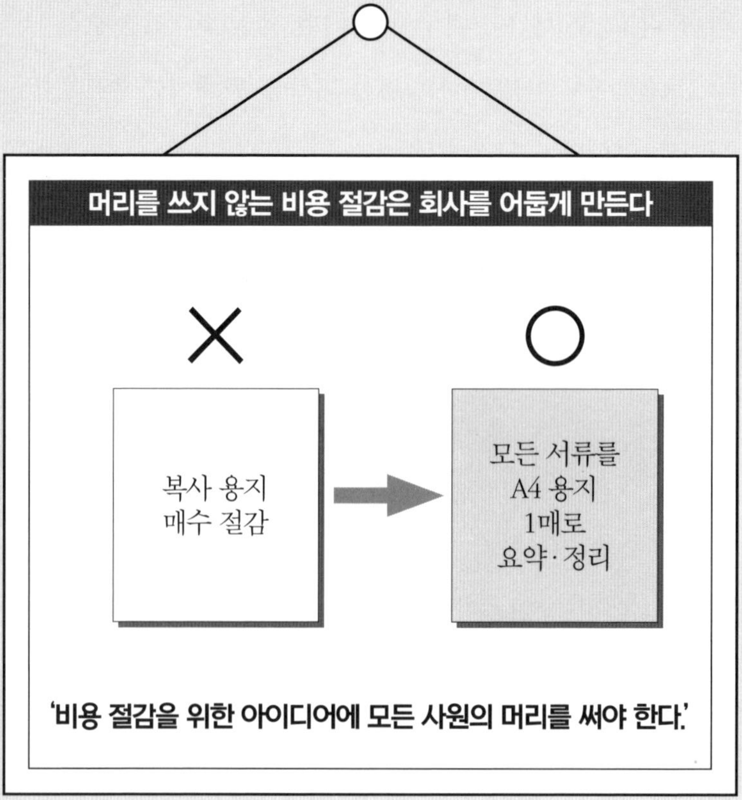
머리를 쓰지 않는 비용 절감은 회사를 어둡게 만든다
×
○
복사 용지
매수 절감
모든 서류를
A4 용지
1매로
요약·정리
'비용 절감을 위한 아이디어에 모든 사원의 머리를 써야 한다.'

A4 용지 1매에 요약·정리할 것'이라는 통지를 나의 명의로 일본 내 자회사 및 전 세계의 사업소에 보내면 좋을 것 같다고 조언했다.

이 일이 있고 며칠 뒤, 금융감독청 실장에게 전화를 걸어 회사의 승낙을 받았다는 사실을 전하고 사령장을 받았다. '금융감독청 고문으로 위촉한다'고 쓰인 위엄 있는 위촉장이었다.

이 복사본을 미국 출장 중인 사장에게 보내자, 사장이 축하 메시지를 자필로 써서 다음과 같은 내용을 팩스로 보내왔다.

'본 건은 회사로서도 명예로운 일이지만, 무엇보다도 자네에게 가장 명예로운 일이다. 이 일을 훌륭하게 수행하기를 바란다. 평소 자네의 남다른 노력이 맺은 결실이기에, 이보다 더 훌륭한 일은 없을 것이다. 정말 축하한다. 새로운 일에도 더욱 정진하기를 바란다.'

재무·경리와 사장의 관계

사장 한 사람의 폭주를 막는 제어장치

최근에 '리스크 관리'라는 말이 유행어처럼 사용되고 있지만, 최종적인 리스크 관리도 궁극적으로는 사장의 몫이다. 세심하고 사려 깊은 주의가 필요한 한편, 치고 나아가는 용기도 필요하다. 바꾸어 말해 '취해서 좋은 리스크'와 '취하면 안 되는 리스크'를 구분해서 경영 판단을 내릴 수 있어야 한다. 이것이 불가능한 사람은 사장이 되어서는 안 된다.

여기서 중요한 것은, 재무·경리부서에 사장이 어떠한 권한을 부여하고 있는가다. 내가 생각할 때 사장보다 우월한 권한을 가져야 재무·경리부서가 회사 최후의 보루로서 온전히 기능할 것이다. 즉 누구라도 회사를 해하는 일을 한다면, 그 상대가 사장이라고 할지라도 경고를 할 수 있는 권한을 재무·경리부서에 주어야 한다.

물론 그런 경우는 없어야 하겠지만, 만에 하나라도 그러한 상황이 생겼을 때 사장을 저지하는 이가 아무도 없다면 회사는 크나큰 손해를 입게 된다. 이를 막기 위한 리스크 관리가 재무·경리부서에 주어진 제어 기능이다.

따라서 재무 경리부서의 책임자는 회사의 '마지막 보루'로서, 직원들이 사장에게 직접 말하기 어려운 것도 대표해서 말할 수 있는, 한마디로 '신뢰할 수 있는 사람'이어야 한다. 단, 그 이외의 상황에서는 절대로 나서는 일이 없어야 한다.

기업에서 핵심은 영업, 제조, 연구 부문 정도다(내가 다니던 회사의 경우는 인수·합병 부문도 여기에 포함된다). 이 가운데 가장 중요한 것은 뭐니 뭐니 해도 국내외에서 돈을 벌어오는 영업 부문이다. 영업 부문을 중심으로 하여 제조, 연구, 인수·합병의 사업 부문이 고객으로부터 돈을 벌어들이는 일을 하

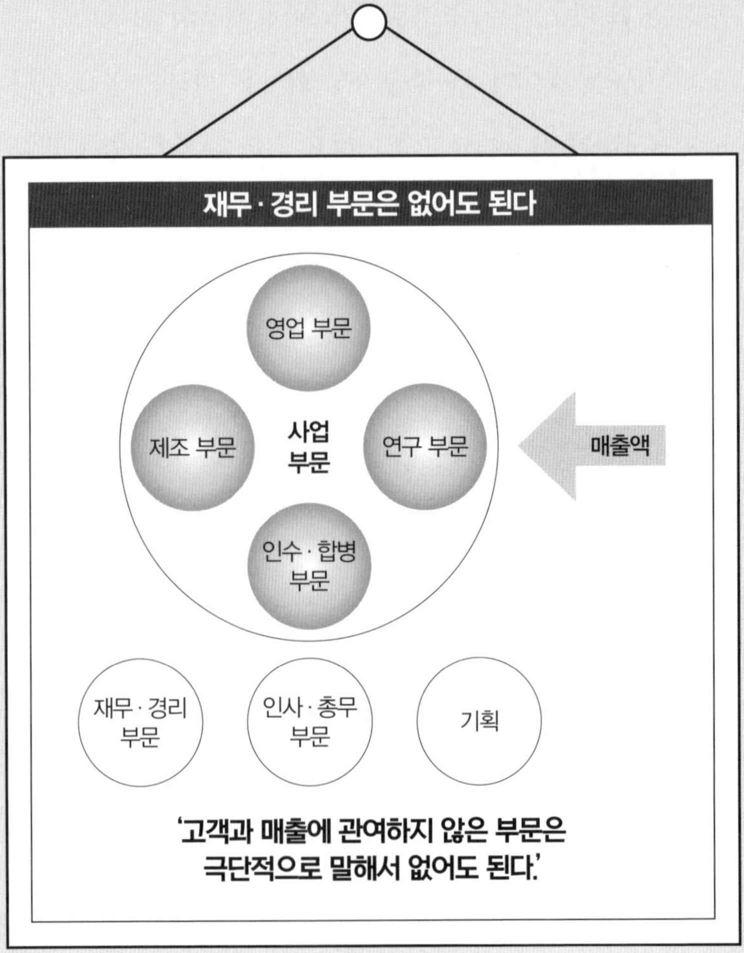
재무 · 경리 부문은 없어도 된다
영업 부문
제조 부문
사업 부문
연구 부문
매출액
인수 · 합병 부문
재무 · 경리 부문
인사 · 총무 부문
기획
'고객과 매출에 관여하지 않은 부문은 극단적으로 말해서 없어도 된다.'

는 것이 회사다.

이 핵심 부문에 재무·경리나 인사·총무 부문은 들어가지 않는다. 극단적으로 말하면, 재무·경리 부문은 없어도 된다. 그렇다 하더라도 최후의 보루로서 사장을 제어할 수 있는 기능을 재무·경리의 책임자에게 부여해야 한다. 아무리 뛰어난 사장이라도 그 역시 인간이기에, 이러한 보험을 들어둘 필요가 있다고 예전에 사장이 내게 말해주었다.

대부분의 회사는 재무·경리 부문이 예산권을 갖고 있기에 타 부서에 거드름을 피우는 경우가 종종 있는데, 이들이 확실한 재무·경리의 지식을 갖고 있다면 재무·경리 부문에 주어진 권한을 가지고 으스댈 필요가 전혀 없다는 걸 깨닫게 될 것이다.

어디까지가 사장의 책임일까?

어느 날, 사장실로부터 급한 호출을 받고 달려갔다.

"우리 회사는 확실히 총회꾼들에게 돈을 건네지 않았겠지?"

사장의 갑작스러운 질문에 "제가 관할하고 있는 재무·경리 부문에서는 돈을 건넨 적이 없습니다"라고 답했지만, 그것은 어디까지나 내가 알고 있는 범위 내에서의 일이었다.

그 일이 있고 나서 바로 전사 전표를 조사한 뒤, 다시 한 번 "그런 일은 없습니다"라고 보고했다. 그러자 사장이 "그러한 일에 1엔이라도 썼다면, 나는 책임지지 않을 것이다"라고 말했다.

나는 깜짝 놀라 사장의 얼굴을 물끄러미 쳐다보았다. '어떻게 사장이 저런 이야기를 할 수 있지?' 싶었다.

내 상식으로는, 회사의 모든 책임은 사장에게 있다고 생각했기에 "책임지지 않는다"라는 말이 사장의 입에서 나오리라고는 상상도 못했다. 게다가 사장은, 주주총회 직전에 열리는 임원회의에서 이 얘기를 할 예정이라며, 혹시라도 자신이 잊어버리는 일이 없도록 당일 아침에 전화를 해주었으면 좋겠다고 나에게 신신당부했다. 그러한 중대한 일을 사장이 부탁까지 한 터라 나는 메모하여 눈에 잘 띄는 곳에 붙여놓고 임원회의 당일까지 잊지 않으려고 신경을 썼다.

마침내 임원회의 당일 날, 사장에게 전화하여 "오늘이 지난번 총회꾼 관련 말씀을 전하라 하신 날입니다"라고 알려드렸다. 임원회의 시작에 앞서, 나는 마른침을 삼키며 사장이 어떻게 말문을 열지 기다렸다.

"최근 총회꾼과 관련된 사건이 사회를 떠들썩하게 하고 있습니다만, 전사적으로 그룹 내에서 문제가 발생하지 않도록 신경써주시기 바랍니다. 그럼에도 이후에 주주총회에서 어떠한 문제가 발생한다면, 모든 책임은 제가 지겠습니다."

일전에 내게 한 말과는 내용이 확연히 달라서 그사이 사장의 마음이 바뀌었나 생각했다. 그리고 그 이야기를 회장에게도 전했다. 그러자 회장은 "사장이 자네에게 책임지지 않겠다고 말한 것은, 그만큼 자네를 신뢰하고 있다는 본심을 전한 것이라네. 그러나 사장으로서는 그렇게 행동하면 안 되기에 공식 석상에서는 확실하게 사장다운 행동을 취한 것이라 할 수 있지"라고 설명해주었다.

설령 사장이 내게 자기 책임이 아니라고 이야기하고, 내가 그 말을 곧이곧대로 믿었다 해도 회사의 일은 전부 사장이 책임지게 마련이다. 이것이 세상 이치다. 사장은 내 앞에서 본심과 명분의 양면을 보여준 것이다.

신처럼 불성실하다

내가 모셨던 사장 가운데 한 분은 재무·경리 출신으로, 경력만 50년이었다. 무슨 일을 한 가지 하더라도 재무·경리 관련 일은 나보다 더 완벽하게 처리했다. 그런데 사장이 된 뒤로는 세세한 일을 모두 알고 있으면서도 일절 관여하지 않고, 현장의 일은 현장 쪽에 맡기기 일쑤였다.

물론 사장의 일은 다방면에 걸쳐 있기에, 직원 개개의 일을 속속들이 알고 있어도 그때마다 관심을 드러내면 회사 경영을 할 수가 없다. 그렇기에 아주 능숙하게 모르는 척하고, 각 담당자에게 상세한 부분을 일임하는 것이 사장의 기술이다.

나는 마흔에 과장이 될 때까지 회사 일에 성실한 편이었다. 거짓말을 하는 일도 없었다. 그러자 사장이 어느 날 내게 "가네코 군! 때때로 열 번 중 세 번 정도는 거짓말을 하는 것도 좋아. 물론 선의의 거짓말로!"라고 충고해주었다.

앞에서도 언급한 내용이지만, 어쩌면 사장은 그 '선의의 거짓말'을 30% 혹은 70%까지 했을지도 모른다. 그렇다 하더라도 처음부터 거짓말을 하는 것은 아니고, 능숙하게 이야기의 포인트를 잡고 거짓말을 약간씩 추가하는 정도다.

당시 우리 회사는, 자기자본 비율이 지금의 70%보다도 한참 낮은 20% 정도밖에 되지 않았다. 따라서 은행으로부터의 차입금이 늘 사장의 고민 중 하나였다. 그러나 사장은 그러한 기색을 전혀 비추지 않고, 매우 태연한 자세로 나에게 이렇게 말했다.

"언제라도 상관없으니, 사원 개개인의 차입금과 개개인의 금리를 매일 얼마나 내고 있는지 한번 계산해봐주게."

며칠 뒤 계산을 마치고 사장에게 보고하자, 사장은 이미 그 값을 알고 있는 듯했다. 어떠한 숫자가 나올지 알고 있었지만 일부러 경리과장에게 계산시켜, "이미 경리과장이 계산해주었네"라고 말하며 칭찬을 해주었다.

그때가 상여금을 받기 직전이었다. 내가 받은 상여금과 차입금, 그 금리의 합과 비교해보니 '회사는 힘든데 나는 이렇게까지 받고 있구나'라는 고마움과 미안한 마음이 자연스럽게 생겼다. 사장은 그것까지 이미 계산해두었던 것이다. 방법이 매우 뛰어나다고밖에 달리 할 말이 없었다.

노회(老獪)라는 말이 있다. 경험이 많고 매우 교활하다는 뜻이다. 사장은 이 노회함을 잘 포장하여, 자신을 멋진 사람으로 드러내주는 천부적인 재능을 갖고 있었다. 마치 '신처럼 불성실하다'고 할 수 있다.

사장은 내가 제출한 재무·경리의 세세한 숫자를 봐도 아무런 의견을 내지 않는다. 다만 사장이기 때문에 어디를 어떻게 개선하면 회사가 잘 돌아가는지는 훤히 꿰뚫고 있다. 따라서 숫자를 보고 경영을 한다는 뜻은 아니다.

경영자는 매출과 이익에 주목하여 세금을 납부하고, 리스크를 배제하는 방향을 모색해야 한다. 세세한 업무는 전문가에게 일임하는 게 좋다. 그 일이 아니라도 사장이 해야 할 일은 너무나 많다. 어떻게 하면 고객사를 즐겁게 해줄 수 있을까, 1만 엔의 교제비를 어떻게 써야 매출이 오를까 등 사장이 생각해야 할 것만 수천, 수만 가지다.

이상적인 재무·경리의 자세

참여와 지원

예전에 나는 재무·경리의 일을 ‘협력과 충고’라고 생각했다. 그러나 사장에게는 이 ‘협력과 충고’가 왠지 주제 넘는 행동이 아닌가 싶었다. ‘충고’는 자칫 뽐내는 것처럼 비칠 수 있고, 능력도 없으면서 ‘협력’하는 것도 결코 쉬운 일이 아니었기 때문이다.

그 이후로 무엇이 좋을까 고민한 결과, ‘참여와 지원’이라는 슬로건을 도입하기로 했다.

예컨대 영업사원에게 시간적 여유가 있을 때, 재무·경리

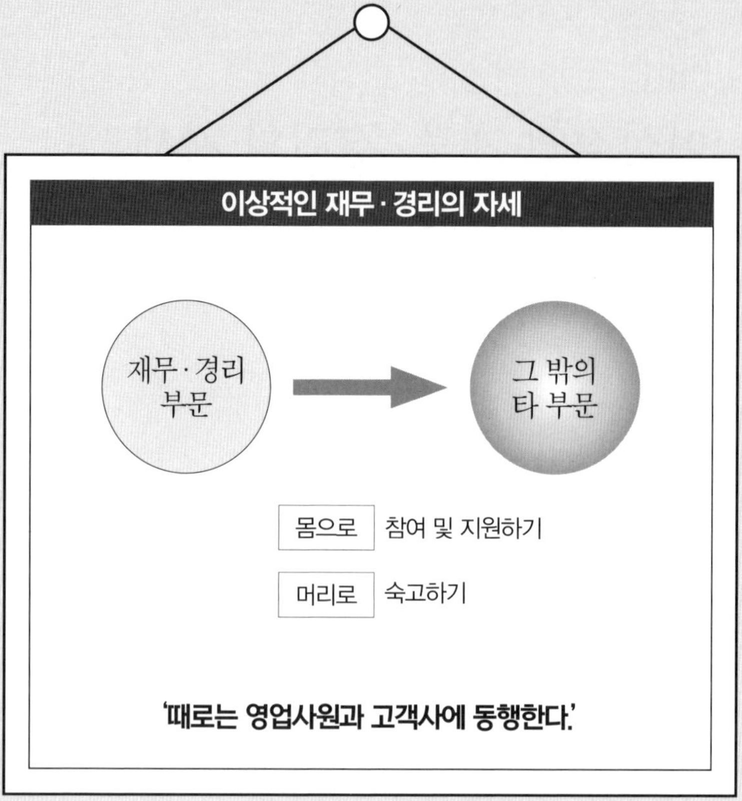
이상적인 재무 · 경리의 자세
재무 · 경리 부문
그 밖의 타 부문
몸으로
참여 및 지원하기
머리로
숙고하기
'때로는 영업사원과 고객사에 동행한다.'

부서 직원도 시간을 내어 영업부와 함께 고충이 있는 고객사를 찾는 것이다. 실제로 재무·경리부서의 직원이 업무 지원을 위해 영업사원과 함께하는 것은 일과 전혀 무관한 게 아니다. 이것은 '몸과 머리로 참여하기'가 되며, '책상머리 공부'는 아니다.

또한 육체적으로 참여가 불가능해도 지원은 얼마든지 할 수 있다. 말하자면 몸으로 참여하는 대신에 머리로 숙고해 줄 수도 있다.

회사를 위기에서 구한 '울트라 C'

내가 있던 회사는 1978년에 딱 한 번 주식을 매각한 일이 있다. 이익이 없어서 주식을 팔아 결손을 보충한 것은 그 일을 전후로 전무한 일이었다.

그때는 2,800명의 직원을 2,200명으로 감축할 만큼 재정상태가 어려운 상황이었다. 600명 중에 절반은 퇴직하였고, 나머지 절반은 자회사로 배치를 했다. 그렇게 하지 않으면,

지금까지 계속해왔던 배당이 제로가 되어 은행으로부터 자금을 차입할 수 없는 사태가 예상되었기 때문이다.

다행히 해외로의 플랜트수출이 호조를 띠었기에 다음 해부터는 괜찮을 것이라는 전망이 관측됐다. 그러나 미래가 괜찮다고 하더라도 지금 당장 자금이 부족한 상황이었다.

일반 퇴직금은 어떻게든 충당하겠지만, 별도로 퇴직자에게는 총액으로 15억 2천만 엔의 특별퇴직금을 지불해야만 했다. 그것을 비용으로 처리하면 배당을 할 수가 없었다.

이에 사장은 "특별퇴직금을 선지급 비용으로 할 수 없냐"고 물었다. 그러나 거기에는 무리가 따랐다. 선지급 비용에는 선지급 임차료나 선지급 이자는 있었지만, 선지급 특별퇴직금이라는 것은 따로 없었기 때문이다.

사장은 정말 방법이 없는지 좀 더 방안을 찾아보자고 했다.

나는 회사법 관련 책을 뒤져서 필사적으로 검토했다. 그러던 중 '이연자산(移延資産)'이라는 항목이 눈에 띄었다. 이연자산은 유동자산, 고정자산과 함께 분류되는 자산의 한 종류로, 대차대조표의 좌측에 기재된다.

이연자산의 항목 중 개발비라는 항목이 있었다. 개발비의 세부 항목을 좀 더 구체적으로 살펴보니, 그 가운데 '신(新) 경영조직 채용을 위한 비용'이라는 것이 있었다. 나는 그 순간 '여기에 포함시킬 수 있을지도 모르겠다'고 생각했다.

2,800명이 있는 회사를 구(舊)경영조직, 600명이 없어져 2,200명이 된 회사를 신경영조직으로 볼 수 있다면, 신경영조직을 채용하기 위해서 특별퇴직금 15억 2,000만 엔을 지불하는 것이 가능하지 않을까. 그렇다면 이연자산으로 5년간 나누어서 약 3억 엔씩 상각하여 비용으로 처리한다면, 일거에 15억 엔을 비용으로 처리하지 않고 해결할 수 있게 된다.

내가 이 아이디어를 사장에게 보고하자, "반드시 회계사의 승인을 얻을 수 있도록 해보라"고 격려해주었다.

당시, 회사의 회계 감사를 맡고 있던 공인회계사는 일본을 대표하는 유명한 회계 회사였다. 그곳 회계사들에게 이 아이디어를 얘기하니, 말 그대로 펄쩍 뛰며 놀라워했다. 처음에는 "그러한 것은 허용할 수 없다"고 말했지만, 내가 정중하고 상세하게 설명을 해주자 "검토해보겠다"고 태도를 바꾸었다.

그때부터 하루하루가 계산의 연속이었다. 한꺼번에 600명의 사원이 퇴직하기에, 회사의 경비가 어느 정도 줄어들지를 계산해보았다. 퇴직자들의 인건비, 출장비, 교통비 등을 합산해보니 15억 엔을 훌쩍 넘어 총 40억 엔 정도가 되었다. 특별퇴직금 15억 엔을 지출하는 것으로, 그다음 해부터 매년 40억 엔씩 플러스가 되는 것이다.

이 결과를 보자 회계사들도 바로 인정해주었다. 사장한테도 칭찬을 받았다. 그러나 더 대단한 것은 사장이었다. 15억 엔을 5년간 나누는 것은 아무래도 긴 것 같다며, 2년에 나누어 7억 5천만 엔씩 상각해나가기로 결정했다.

회계학적으로 '이연자산'은 '의제자본(擬制資本)'이라고도 부른다. 자본의 항목에는 있지만, 실제보다 높게 평가된 가공의 자본으로 진정한 자산은 아니다. 이 경우도 진정한 개발비는 아니라고 생각하여 7억 5천만 엔씩 2년에 상각하는 것으로 매듭지었다.

동시에 사장은 은행을 돌아다니며 회사 보유분의 주식을

팔기 위한 교섭을 해나갔다.

그러던 어느 날, "내가 미리 양해를 받아놓았으니 오늘 이 숫자만큼 주식을 각각 나누어 매각하라"고 지시를 내렸다.

곧바로 재무·경리부서 직원들이 회의실에 모여 퇴직금을 이연자산으로 계상하여 7억 5천만 엔씩 2년간 상각하는 전표를 만들었다. 모두가 눈물을 흘리면서, 각 주식을 매각할 경우 상각 이익이 얼마나 발생하는지 전표를 작성했다. 회사를 위해 떠나는 600명의 얼굴이 떠올라 눈물이 그치지 않았다.

사장은 사직한 300명의 취업 요청을 몇 달에 걸쳐 최후의 한 사람까지 모두 해결해주었다. 정말로 훌륭한 경영자라고 인정하지 않을 수 없었다.

한편, 이때 이연자산을 이용한 상각 처리 방식은 1년간만 인정을 받았다. 사실 내가 생각해낸 이 사례는, 공인회계사 시험에 합격한 회계사 후보자들이 보는 시험 문제에 '바람직하지 않은 사례'로 출제될 정도로 유명한 사건이었다.

재무·경리부서가 자회사를 위해 하는 본질적인 업무

재무·경리부서에 권력이 집중되어 있는 회사는 장래가 위험하다고 앞에서 설명한 바 있다. 이는 재무·경리를 50년간 해온, 내가 모신 사장의 지론이다.

회사가 성장하고 있다면, 사업부의 책임자가 자신을 중심으로 적절한 경영 정책을 펼쳤기 때문이다. 이 경우 사업부의 직원들은 회사가 잘되고 있는 데 대해 충분히 자부심을 가져도 된다. 그러나 재무·경리부서는 예컨대 IR(Investor Relations, 투자가들을 대상으로 한 기업 설명 및 홍보 활동)을 할 때조차도 뽐내거나 거드름을 피워서는 안 된다.

과거, 세계 각지에 있는 자회사 임원들이 본사에 모여 회의를 한 적이 있다. 이 자리에서 나의 상사이기도 했던 재무·경리 임원은 이렇게 말했다.

"모회사가 보증하지 않더라도 은행으로부터 스스로 자금을 빌릴 수 있는 훌륭한 회사가 되어주었으면 합니다."

그런데 미국에서 뛰어난 실적을 올린 한 임원이 이런 말을 했다.

"나는 미국의 자회사에서 나름 경영을 잘해왔다고 자부합니다. 그 덕분에 미국의 은행은 무보증으로 저희에게 자금을 빌려줍니다. 그러나 일본 은행의 미국 지점은 모회사의 보증이 없으면 빌려줄 수 없다고 말합니다. 이건 이상하지 않습니까? 내 생각에는, 모회사의 재무·경리 담당자가 일본의 은행과 절충하여 보증을 없애주었으면 합니다."

상사와 나는 깜짝 놀랐다. 앞서 모회사의 신세를 지지 않고도 자력으로 자금을 빌릴 수 있어야 한다고 말했는데, 이 한마디로 입장이 역전되어버린 것이다.

어쩔 수 없이 사장에게 이 부분에 대한 의견을 구하기로 했다. 사장은 바로 그 자리에서 지시를 내렸다.

"본질적으로 미국 자회사의 임원이 말한 내용이 옳습니다. 재무·경리부서에서 일본 내 은행들과 절충하여, 보증 없이 자금을 빌릴 수 있도록 힘써주세요."

그래서 상사와 나는 협조 요청을 하기 위해 은행을 찾아다녔다.

"미국에 있는 우리 자회사의 사업은 매우 잘되고 있습니다. 미국 내 은행들이 무보증도 문제없다고 할 만큼 융자도 해주고 있고요. 혹시 일본 은행도 그러한 조건으로 진행해 줄 수 있겠습니까?"

다행히 일본 은행들로부터 최종적으로 승낙을 받았다.

사실상 이것이 재무·경리부서의 본질적인 업무다. 그전까지는 우리 부서의 임원도 나도 자회사의 담당자들에게 "모회사의 신세를 지지 않고 사업을 성장시켜, 모회사의 보증 없이 회사를 운영할 수 있도록 해주세요"라고 말했지만, 실적이 뛰어난 미국 자회사 덕분에 재무·경리부서가 정말로 해야 하는 본질적인 업무가 무엇인지를 깨닫게 되었다.

5장

유능한 사장의 결산서 읽기

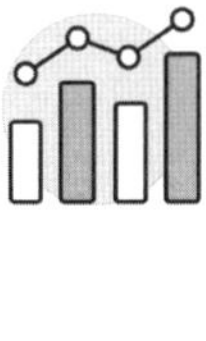

결산서의 본질

중요한 것은 마지막 행의 '순이익'

회사에서 정말로 중요한 것은 '세전 이익'이 아니다. 여기서 세금을 제한 '순이익'을 가장 주의 깊게 살펴봐야 한다. 이것은 손익계산서(P/L)의 가장 아래에 있는 항목으로, '최종이익(Bottom Line)'이라고도 부른다.

한편 순이익의 영어 표현인 'Net Profit'는 공식적인 회계 용어로, 세계 어디를 가도 통용되는 단어다. 'Bottom Line'은 주로 미디어가 잘 쓰는 용어지만, '세후'가 최종이라는 표현에는 이미 세금이 비용이라는 의미가 내포되어 있다.

기업에서 가장 중요한 것은 순이익

손익계산서(P/L)

매출
− 매출 원가

매출 이익
− 판매비, 일반 관리비

영업이익
+/− 영업 외 손익(영업 외 비용)

경상이익
+/− 특별손익

세금 전 순이익
− 세금

순이익(Bottom Line)

'국제 회계에서도 가장 중요한 것은 세후 순이익이다.'

20세기 말까지만 해도 일본의 기업회계(특히 재무회계)는 유럽과 미국에 비해 30년 정도 뒤처져 있었다. 이것이 21세기 들어와 5년 만에 그 속도를 따라잡게 되었다. 일본의 재무회계가 얼마나 급속도로 빨리 변했는지를 알 수 있는 대목이다.

그러나 오래전부터 중소기업 사장들은 '이익'이라고 하면 으레 순이익을 떠올렸다. 사느냐, 죽느냐의 치열한 경쟁을 헤치고 나아가야 하는 사람들에게, 세전 이익은 한마디로 '그림의 떡'이었던 셈이다.

마찬가지로 '유능한 사장'도 세전 이익이 아닌 순이익(Bottom Line)을 본래의 '이익'이라고 생각한다. 그렇지만 오래된 감각을 지닌 사람은 '경상이익'이나 '영업이익'의 개념에서 벗어날 수 없다. 그러한 사람이 재무·경리 부문의 위치에 있다면 경영자와 원활한 의사소통을 할 수가 없다.

실제로 자신이 직접 경영을 해본다면, '남는 돈은 세후'라는 감각을 알게 될 것이다.

결산서에서 중요한 것은 다섯 개의 숫자뿐

흔히 '결산서'라고 하면 수많은 숫자 뭉치와 같은 인상이 떠오르게 마련이지만, 유능한 사장은 그중에서도 눈여겨봐야 할 숫자를 뽑아내는 요령을 확실히 알고 있다.

손익계산서에서 가장 먼저 봐야 할 것은 맨 위의 ① 매출액이고, 그다음으로 가장 아래에 있는 당기 ② 순이익이다. 그래서 매출액에 대한 순이익이 몇 퍼센트 정도인지 계산한다. 이것이 경영분석 지표의 하나다.

대차대조표에서는 ③ 순자산(자기자본)을 보고, 그다음에 ④ 총자산을 본다. 이 두 숫자를 나누면 자기자본 비율이 나오고, 또 하나의 경영분석 지표가 얻어진다.

마지막으로 순자산(자본) 부분의 ⑤ 이익잉여금이다. 이것은 회사가 과거부터 현재까지 적립해온 세후 순이익의 누적을 나타낸다. 말하자면 회사에 저축이 얼마나 있는지는 이 부분을 보면 일목요연해진다. 현금 항목이 아니라 이익잉여금에 더욱 주목해야 하는 이유다.

그리고 이 이익잉여금은 두 번째 언급한 당기 순이익과 비교해봐야 한다. 몇 년치 순이익이 이익잉여금으로 들어왔는지를 나누어보면, 지금의 이익이 몇 년치인가를 알 수 있다. 이것 또한 경영분석의 중요한 지표다.

그러나 최근에는 몇 년치 이익이 1년 분도 안 되는 잉여금의 회사도 있다. 적자가 계속되었기 때문이다. 또한 이익잉여금은 충분히 있지만, 당기 순이익이 극히 일부에 지나지 않는 회사도 있다. 최근의 경영이 어려웠다는 증거다.

특히 이익잉여금은 M&A를 할 때 긴요하게 살펴봐야 할 숫자다. 현재 이 회사가 보유하고 있는 재산이 얼마인지는 이익잉여금으로 알 수 있고, 그 금액으로 회사를 인수할 수 있다고 생각하는 것이 일반적이기 때문이다.

그 회사의 성장 잠재력을 확인하기 위해서는 당기 순이익을 보면 된다. 비록 결산서에는 없지만 지적재산권이 어느 정도 있는지도 종합적으로 검토해야 한다. 극단적으로 회사의 장래성만 보고, 이익잉여금의 수십 배의 가격을 제시하는 경우도 있다.

결산서에서 중요한 다섯 가지 숫자

손익계산서(P/L)

① 매출액

② 순이익

대차대조표(B/S)

③ 순자산(자기자본)

④ 총자산

⑤ 이익잉여금

'이 다섯 가지 숫자만 알고 있으면
어떤 결산서도 문제없이 볼 수 있다.'

사장이라면 다른 건 몰라도 이 다섯 가지 숫자의 의미에 대해선 반드시 알아둘 필요가 있다. 큰 틀에서 대략적인 의미 정도만 알아둬도 크게 문제될 건 없지만, 이들 다섯 가지 의미를 확실히 이해하고 나서 여유가 생기면 그때 좀 더 결산서 보는 법에 대해 배워보는 것도 좋다.

예를 들어 '유동'과 '고정'이라는 단어가 있다고 하자. '유동'이 회사 내에서 1년 이내의 것이라면, '고정'은 1년 이상의 것으로 구분하여 생각하면 된다. 이로부터 유동자산과 고정자산, 그리고 유동부채와 고정부채 등에 대해서도 동일한 이미지를 그릴 수 있다.

마찬가지로 '외상 매입금'은 외상으로 매입하는 것, '외상 매출금'은 외상으로 판매하는 것이다. 회사가 바(Bar)를 경영한다고 한다면, 외상으로 마시고 간 고객으로부터 돈을 나중에 받을 수 있는 일종의 권리가 생기고, 이 돈은 당장 생각하지 않아도 된다.

외상 매입금과 차입금의 차이

앞에서 언급했듯이, 사장은 입금과 출금 두 가지를 중요하게 봐야 한다. 그래서 받아야 할 권리인 외상 매출금과 지불해야 하는 채무인 외상 매입금에 늘 주목할 필요가 있다.

외상 매출금은 회수하는 데 늘 어려움이 따르게 마련이고, 외상 매입금은 대부분의 사람들이 가능한 한 천천히 지불해야 한다고들 생각한다. 하지만 결코 그래서는 안 된다.

예전에는 원청회사와 하청업체(지금은 '협력회사'라 한다)의 구조 관계상 하청업체가 대금을 받으려면 원청회사로부터 온갖 수모를 겪어야 하는 일들이 비일비재했다. 하지만 빌린 대금을 변제하는 것은 회사로서는 당연한 의무로, 외상으로 산 것은 확실하게 지불해야 한다.

다행히 지금은 부당한 지불을 금지하는 법률이 있기 때문에 약속한 것은 기간 내에 확실하게 지불하지 않으면 처벌을 받게 된다.

채무 변제 의무가 있는 차입금도 외상 매입금도 의미는 비

차입금과 외상 매입금의 차이

차입금

① 변제 의무가 있다.
② 이자가 붙는다.

외상 매입금

① 지불 의무가 있다.
② 이자가 붙지 않는다.

'차입금은 이자가 있는 부채지만,
외상 매입금은 이자가 없는 부채다.'

슷하지만, 다른 점이 한 가지 있다. 이자가 붙느냐 붙지 않느냐의 차이다. 차입금은 변제 기일이 늘어나면 이자도 증가한다. 가능하면 기일 내에 지불해야겠지만, 계약상 기일을 앞당기는 것도 법률 위반은 아니다.

따라서 차입금의 경우 전 사원이 이자에 대한 비용을 인식함으로써 '변제 의무가 있는 돈을 쓰고 있다'고 의식하는 것이 중요하다. 외상 매입금에 대해서는 약속한 기일에 지불해야 한다는 의식 정도만 있어도 충분하다. 즉 차입금은 이자가 있는 부채, 외상 매입금은 이자가 없는 부채라는 사실만 알아두면 된다.

외상 매출금에 대한 대손충당금(만에 하나의 상황에 대비하여 준비하는 금액으로, 현금은 아니다)의 설정은 임의로 해도 된다. 세법에는 '여기까지만 인정하지 않는다'라는 기준이 마련되어 있지만, 준비해야 할지의 여부는 경영 판단만으로도 충분하다. 따라서 위험한 상대에게는 충분히 준비하고, 문제가 없는 상대는 거의 준비하지 않아도 된다.

이때 사장에게 이중적인 인격이 요구되기도 한다. 예컨대 제일선의 영업사원에게는 "열심히 영업하는 모습이 좋다"고 격려하는 한편, 재무·경리부서에는 "상황이 위험하기 때문에 대손충당금을 준비하는 게 좋겠다"는 지시를 내릴 수도 있다. 즉 사원들이 눈치 채지 못하게 열심히 판매하는 것과 동시에 회수가 불가능할 때를 대비하는, 이른바 정반대의 행동을 취하는 게 필요하다.

만약 회사에 "대손충당금이 준비되어 있다"는 사실이 알려지면, 영업사원들이 '그래, 회사가 대손을 쌓아두었다고 하니 한결 마음이 놓이는구나' 하고 안심할 수 있다. 달리 말해 일하는 데 의욕이 꺾일 수도 있다. 따라서 대손충당금은 사장의 특권 사항인 동시에, 재무·경리 부문의 비밀 사항이기도 하다.

결산서와 기업 활동의 관계

고정자산을 보는 눈

회사가 180만 엔의 고정자산인 기계를 구입한다고 했을 때, 사장이 주의해야 할 점은 두 가지다.

첫 번째는 똑같은 성능의 기계를 세계에서 가장 싸게 사야겠다고 생각하는 것이다. 이것은 매우 중요하다. 예컨대 180만 엔의 기계를 어떻게 해서든 가장 싼 금액인 140만 엔에 사야겠다고 마음먹으면 최소 150만 엔에라도 살 수 있다. 반면 150만 엔에 사야겠다고 생각하면, 160만 엔 혹은 170만 엔에 구매해도 나쁘지 않다고 생각한다.

이때 중요한 점은, 이 기계의 성능이 요구했던 사양의 제품인지 아닌지, 내구성은 어떠한지 등을 살피는 자세가 필요하다. 잘못된 기계를 사서 쓸모없는 것이 되어버리면, 이것이야말로 '싼 게 비지떡'이 되고 만다. 이러한 점에 주의하면서 최대한 싼 제품을 구입해야 한다.

기계의 사용 기간이 10년이고 정가를 180만 엔에 구입했다면, 이만큼의 금액이 현금으로 지출되고 매년 상각비는 18만 엔(180만 엔÷10년)이 된다. 150만 엔에 구입했다고 하면, 150만 엔의 현금이 나가고 매년 상각비는 15만 엔(150만 엔÷10년)으로, 결과적으로 현금 지출이 30만 엔 줄어들었기에 매년 상각이 10년에 걸쳐 3만 엔씩 줄게 된다. 이것만으로도 매년 3만 엔씩 이익이 발생하게 된다.

두 번째는, 이 기계를 구입하기 위한 자금 조달이다. 금액을 잘 협상하여 150만 엔에 구입했다고 하더라도, 회사에 현금이 50만 엔밖에 없다면 나머지 100만 엔을 은행으로부터 차입해야 한다. 이를 위해서는 평소 거래하는 은행과의 관계를 좋게 만들어, 필요할 때 바로 자금을 빌릴 수 있도록 해야 한다.

그러나 요즘에는 시중에 융통되는 돈이 많다 보니, 은행을 가볍게 보는 사람도 있다. 그러한 태도는 좋지 않다. 회사는 언제든 부침이 생길 수 있기 때문에 좋을 때나 나쁠 때나 은행과의 관계를 좋게 만들어야 한다. 이 역할을 하는 것이 바로 사장이다.

이를테면 회사 상황이 좋을 때 거드름을 피우고, 상황이 나쁠 때 굽실거리는 사장이라면, 그러한 태도를 정반대로 해야 한다. 상황이 좋을 때는 거짓으로라도 허리를 굽히고, 자금을 빌리지 않더라도 머리를 숙이는 자세가 중요하다. 경기가 나빠질 때는 누구나 굽실거리기 때문이다.

'채무초과'보다 '부채초과'가 옳은 표현이다

우리가 흔히 얘기하는 '부채'는 다른 말로 바꿔 부르면 '마이너스 자산'으로 표현할 수 있다. '자산'이 '플러스 자산'이고, '부채'가 '마이너스 자산'이라면, 플러스 자산에서 마이너스 자산을 뺀 결과가 '순자산'이다. 세 개의 단어에 모두 '자산'이 붙기에 관계를 이해하기가 쉽다.

예를 들어 어떤 회사의 플러스 자산이 100이고, 부채 즉 마이너스 자산을 70이라고 하자. 이 상태는 자산이 부채보다 많은, 이른바 '초과' 상태다. 자산이 부채보다 30을 초과하고 있으며, '자산초과'라고도 한다.

한편 플러스 자산이 100이고, 부채(마이너스 자산)가 120인 회사는 부채가 자산을 20만큼 초과한 상태다. 이것은 내가 만든 조어(造語)로 '부채초과' 상태다. 메이지 시대부터 일본에서는 학자들이 이와 같은 생각을 하지 않아, '자산초과'는 더러 사용해도 '부채초과'라는 말은 전혀 사용하지 않았다.

일반적인 상황에서는 많은 회사가 자산초과 상태이기 때문에 굳이 이 표현을 사용하지 않아도 문제될 게 없다. 한편 부채초과인 회사는 지금까지 '채무초과'라는 표현으로 많이 사용되어왔는데, 이는 언제 망할지 모르는 회사라는 이미지만 전해져, 순자산이 마이너스 상태라는 것을 쉽게 이해하지 못하게 만들었다. 정확한 단어를 사용하지 않음으로써, 오히려 세상을 혼란스럽게 해왔다.

지금부터라도 '부채초과'라고 표현하는 것이 이해하기가 훨씬 쉬울 것이다. 사물의 본질을 파악하는 사장이라면 '부채초과'라는 단어를 사용해야 한다. 그래야 사회에서도, 직원에게도 쉽게 설명할 수 있다.

예를 들어, "우리 회사는 채무초과가 되지 않도록 대처해야 한다" 등과 같이 연설하는 것보다 "부채초과가 되지 않도록" 또는 "순자산이 마이너스가 되지 않도록"이라고 표현하는 것이 훨씬 이해하기가 쉽다.

어느 회사라도 일시적으로 부채초과가 되는 상황이 생길 수 있다. 그리고 그때마다 경영자와 직원이 힘을 합쳐 회사를 재건하는 노력은 자주 있어왔다. 이처럼 부채초과의 회사가 전 세계적으로 많다는 사실은 50년 전부터 널리 알려진 사실이다. 그 때문에 '자본금은 없어도 상관없다'는 생각이 만연하게 되었다.

대차대조표는 순자산부터 확인한다

어떤 회사를 매수한다고 했을 때, 가장 먼저 봐야 할 숫자는 '순자산'이다. 대차대조표를 볼 때 자산, 부채, 순자산의 순으로 확인하는 것이 상식이지만, 사장은 나에게 반대로 순자산부터 보도록 가르쳤다. 회사를 매수하겠다고 할 때는 자산과 부채를 아무리 열심히 봐도 아무것도 보이지 않는 법이기 때문이다.

예를 들어, 어느 회사의 순자산이 600엔이라고 하자. 그 회사가 주식을 10주 발행했다면, 1주당 순자산은 600을 10으로 나눈 60엔이다.

그런데 주식시장에서 이 회사의 주식이 300엔에 거래되고 있다고 하자. 여기서 알 수 있는 사실은, 이 회사의 주식에 240(300－60)엔의 인기가 더해졌다고 할 수 있다. 즉 시장의 가격은 1주당 순자산(장부 가액)보다도 240엔 높은 것이다.

이것이 이 회사의 지적 재산인 무형자산이다. 이는 대차대조표에는 나타나 있지 않은 기업의 가치다. 인기가 많은 기업은 많은 무형자산을 갖고 있기에, 1주당 순자산으로 표시

된 금액보다 훨씬 높은 가치를 시장에서 부여받는다.

이 순자산은 크게 세 가지로 나뉜다. '자본금', '자본잉여금', '이익잉여금'이 그것이다. 먼저 자본금부터 살펴보자.

지금부터 만들려는 회사는 주식회사라 해도 1엔의 자본금으로도 만들 수 있다. 메이지 시대부터 존재한 회사법 관련 조항 가운데는 '자본금 충실의 원칙'이라든지 '자본금은 크면 클수록 좋다'고 하는 원칙들이 있었지만, 지금 와서는 그 원칙들이 수정되었다. 정확히 말해서, 자본금과 같이 믿을 수 없는 것이 없다. 자랑은 아니지만, 나는 회사에 입사해서 5년 동안 자본금이라고 하는 돈이 금고 속에 있는 돈이라고 생각했다.

본래 자본금은 회사를 시작할 때의 밑천이다. 100만 엔의 자본으로 빵집을 시작하기로 한 사람은, 이 돈으로 점포를 빌리고 진열장을 사서 영업을 준비할 것이다. 그러나 법적으로 따지면 자본금은 1엔이어도 문제는 없다. 만약 자본금을 1엔으로 할 경우, 필요한 자금은 99만 9,999엔이 된다.

여기서 최초의 1엔을 지불하고, 이것을 자본금으로, 다음

자본금은 1엔이어도 좋다

자본이 100만 엔인 경우,

자본금 1엔

+

자본잉여금
99만 9999엔

'자본잉여금은 자본 중에 자본금으로 하지 않은 것이다.'

으로 99만 9,999엔을 지불하여 필요한 100만 엔을 만든다. 이 경우 1엔은 자본금이고, 나머지는 큰 항목으로 '자본잉여금'이라 한다.

현실적으로는 양쪽 모두 자본이지만, 후자는 '추가지불자본' 또는 '지불잉여금'이라는 명칭으로 불린다. 이것을 통칭해서 자본잉여금이라 한다. 따라서 자본잉여금은 자본 가운데 자본금으로 하지 않은 돈이라고 할 수 있다.

마지막으로 '이익잉여금'은 회사가 매년 벌어들인 이익으로부터 세금과 배당금을 지불하고 남은 금액을 사업 초기부터 계속해서 회사 내에 쌓아놓은 자금을 말한다(그러나 현금이 아니라 명목상의 현금이다).

이렇게 순자산은 '자본금', '자본잉여금', '이익잉여금'의 세 가지 항목으로 구성된다. 그 밖에도 몇 가지 항목이 더 있지만, 재무·경리 부문의 전문가가 아닌 이상 이 세 가지만 알고 있어도 충분하다.

결산서의 드라마

매출액 이익률을 어떻게 볼 것인가?

결산서를 통해 경영분석을 할 경우, 처음으로 보는 것이 '매출액 이익률'이다. 매출액 이익률에는 다섯 가지가 있다. 손익계산서 아래서부터 순서대로 '매출액 순이익률', '매출액 세전 이익률', '매출액 경상이익률', '매출액 영업이익률', '매출액 총이익률'이 그것이다.

일반 회계 입문서는 위에서부터 설명하지만, 나는 아래부터 설명하고자 한다. 이것은 사장이 눈여겨봐야 할 숫자로, 중요한 것은 위가 아니라 아래의 숫자이기 때문이다.

순서야 어떻든 몇몇 단어는 꼭 기억해야 한다. 여기서는 '매출액 이익률'에서 '이익'이라는 자리에 순이익이나 세전 이익, 경상이익, 영업이익, 총이익을 바꿔 넣어볼 것이다.

그렇다면 사장은 뭐부터 봐야 할까. '매출액 순이익률'을 가장 먼저 눈여겨보면 좋다. 예를 들어 매출이 1,000이고 세전 이익이 100이라고 한다면, 세금은 40%로 40이기에, 세금을 제한 세후 순이익은 60이 된다. 이 60을 매출 1,000으로 나누면 6%로, 이것이 매출액 순이익률이 된다.

사장은 이걸 보고 경영하면 문제가 없다. 앞에서도 말했듯이, 손익계산서에서 눈여겨봐야 할 숫자는 매출액과 당기 순이익이다. 그 외에는 한번 보는 것만으로도 충분하다. 대차대조표에서는 '순자산'과 '총자산 합계'라고도 불리는 '총자산' 그리고 '이익잉여금' 이 세 가지 숫자가 중요하다.

여기서 순자산을 총자산으로 나누면 '자기자본 비율'이 나온다. 순자산은 다른 말로 자기자본이기 때문에, 총자산 중 얼마만큼 자기자본이 포함되어 있는지를 알 수 있다. 이것이 70%라고 한다면, 100에서 이것을 뺀 숫자가 부채 비율이다.

매출액 이익률의 다섯 가지 종류

매출액 **총**이익률

매출액 **영업**이익률

매출액 **경상**이익률

매출액 **세전 순**이익률

매출액 **순**이익률

'일반적으로 위에서부터 설명하지만,
아래의 숫자가 더 중요하다.'

이 경우는 30%가 된다.

'ROE'를 어떻게 보는 것이 좋을까?

주식투자에서 자주 사용되는 단어 가운데 'ROE'라는 용어가 있다. 'Return On Equity'의 약어로, 순이익(Return)을 순자산(Equity)으로 나눈 값을 나타낸 것이다. 일반적으로는 '주주자본 이익률'로 불리며, 나는 이를 '순자산 이익률'이라고 부른다. 이 결과를 통해, 회사가 주주로부터 출자된 순자산을 사용해서 얼마만큼의 이익을 창출해냈는지를 알 수 있다.

예를 들어 ROE가 7%라고 한다면, 원금을 연간 7%로 운영했다는 뜻이다. 일본에서는 ROE가 5%를 넘으면 합격선이라고 생각하는 것이 일반적이지만, 미국에서는 15%를 넘지 않으면 우량회사로 인정하지 않는다. 2000년 초기 일본의 경우는 2~3%, 미국은 20% 정도가 '양호한 회사'의 기준이었다.

그러나 사장이 지나치게 ROE에 관심을 갖는 것은 바람직하지 않다. 분석을 위한 분석이 되어버려 점점 더 미궁 속으로 빠질 수 있기 때문이다. 그러한 결과가 나왔다는 정도의 상식선에서 고려해두고, 주주로부터 출자된 회사라는 사실만 확실하게 인식하고 있으면 된다. 이러한 의미에서 보면, 결국 사장의 존재는 법률적 측면의 이면으로는 '주주 겸 사장 겸 직원'이라고도 할 수 있다.

많은 사람들이 대기업 사장은 멋진 옷을 입고 위엄 있게 경영하는 사람이라고들 생각하지만, 일본 대부분의 사장들은 직원부터 시작해 임원까지 올라간 경우가 많다. 엄밀히 말하면 '고용 사장'인 것이다. 창업자 사장, 창업가의 후손으로 사장이 된 경우만이 '오너 사장'이다.

앞으로는 일본에서도 의욕 넘치는 젊은이들이 100만 엔 정도 자기자본을 가지고 회사를 창업하려 할지도 모른다. 그렇더라도 "내가 사장이다"라고 마냥 뽐낼 수는 없을 것이다. 사장은 '주주 겸 사장 겸 직원'이기에 무엇이든 혼자서 해야겠다고 각오하지 않으면 회사가 바로 위험에 빠질 수 있다.

주주자본 이익률(ROE)이란?

$$ROE = \frac{순이익}{주주자본} \times 100(\%)$$

'주주의 원금을 사용하여 얼마만큼 벌었는가.'

사람을 한 사람 고용한다는 것은 그 자체로 여러 가지 힘든 상황을 떠안고 있는 것과 같다. 고용하기에 앞서 신중한 태도가 필요하다. 무엇보다 이제 막 회사를 창업한 사장이라면, 직접 현장을 뛰어다니면서 일을 익혀나가는 것은 물론이고, 하나하나의 예산에서 경비 신청까지 무엇이든지 자기 스스로 해낼 수 있어야 한다.

지금의 사회는 옛날과 비교하면 정보의 양이 수십억 배 이상이라 해도 과언이 아닐 만큼 넘쳐난다. 따라서 중요한 정보는 놓치지 않겠다는 노력이 필요하며, 경영분석 방법 같은 정보는 확실하게 알고 있어야 한다.

나는 책을 쓰는 일이 주된 업무이지만, 만약 사장이 본업을 내던지고 책을 쓴다면 회사는 망하고 만다. 연구자의 세계에서 보자면 순자산 이익률(ROE)은 '연구자의 능력(원금)으로 내용이 충실한 논문(수익)을 세상에 내놓는 것'이 곧 '훌륭한 내용의 책을 써내는 것'이다.

마찬가지로 전체 인구 가운데 책 쓰는 사람이 15% 정도라고 치면, 나머지 85%의 사람들은 일생에 한 권의 책도 쓰지 않는다는 말이 되는데, 그 이유는 쓰고 나서 평판이 나쁘면 오히려 신용을 잃어버리기 때문이다.

자본금의 의미는 퇴색되고 있다

자본금이 얼마가 됐든 상관이 없는 시대가 되면, 지금처럼 '자본금이 많은 회사가 훌륭한 회사다'라는 개념이 점점 퇴색될 것이다. 마찬가지로 '자본잉여금이 큰 회사가 훌륭한 회사'라고 하는 의미도 축소될 것이다.

그렇다면 앞으로 어떤 회사가 좋은 회사일까. 결론부터 말하면 '이익잉여금이 많은 회사'다. 오직 이 숫자만이 좋은 회사의 척도를 나타내는 기준이 된다.

이익잉여금은, 그 회사가 과거부터 지금까지 영업 활동에 의해 창출해낸 이익을 나타내기 때문에 거짓으로 꾸밀 수가 없다. 회사를 사고파는 일이 활발한 시대에는, 이 이익잉여금이 얼마나 있느냐에 초점을 맞추어 경영을 해왔다.

예컨대 이익잉여금의 추이를 비교했을 때 금년도가 39, 전

년이 25, 그 이전의 해가 10이라면 그 회사가 매년 성장해왔다고 판단할 수 있다.

머지않은 미래에는 순자산의 구성요소인 자본금에 대해 그다지 깊이 고려하지 않아도 된다. 한층 더 흥미로운 사실은, 자본금이 제로(0)인 회사가 활동하는 시대가 올 수도 있다는 점이다. 적자회사를 매수하여 그 자회사의 대차대조표를 작성할 때, 적자에 따라 자본금이 제로가 되는 경우가 생길 수 있기 때문이다.

그 때문에 이제껏 '자본금이 많은 회사가 좋은 회사'라고 주장해왔던 학자들은 지금 누구보다 혼란스러울 것이다. 도쿄대학에서 회사법 교수들에게 배웠던 학생들이 재무성에 들어가기도 하고, 그중에는 국회의원이 되기도 했던 것이 지금까지의 도식이었다. 20세기까지는 도쿄대학의 교수와 재무성의 임원, 그리고 재무성 출신의 국회의원이 일본을 움직여왔기 때문이다.

결산서는 성적표가 아니다

경영분석은 무엇을 위해 하는 것일까?

지금까지 간단하게 경영분석 기술을 살펴보았는데, 그렇다면 이것은 과연 누구를 위한 것인가. 사장은 경제·경영평론가가 아니다. 회사 경영을 잘해서 많은 이익을 만들어내는 일이 사장의 일이다. 경영분석으로 새로운 사실을 발견했다 해도, 이것이 자신의 경영에 녹아 있지 않으면 아무런 의미가 없다.

'경영분석'은 '재무분석'과 똑같은 말이다. 학자에 따라 두 가지가 서로 다르다는 의견도 있으나, 나는 똑같다고 생각한다. 재무분석이라는 단어가 오래되었다고 생각한다면, '재무·경리분석'이라고 표현해도 좋다. 중요한 것은, 이를 통해 사장 스스로 자신의 경영 방향성에 문제가 없는지 확인할 수 있으면 된다. 단지 이것을 위해 필요한 것일 뿐이다.

회사의 방향성에 문제가 없다면 분석 결과는 예상과 큰 차이가 없을 것이다. 오히려 만족스러운 결과를 얻을 것이다. 그렇지 않다면 무엇인가가 잘못되었다는 증거다. 만약 결과가 극단적으로 잘못되었다면, 이상한 제품을 만들어 판매해 왔다는 결론을 도출해낼 수 있다.

내가 근무한 회사도 과거에 회사의 방향성에 문제가 있던 때가 있었다. 업종이 전혀 다른 '장어 양식'에 진출한 경우가 그랬다. 어느 날 신임 사장이 승인을 내버린 결과였다.

이 방향이 잘못이었다는 것은 경영분석을 통해 바로 드러났다. 숫자의 움직임으로 만든 화살표가 원하는 방향과 반대로 향하고 있었다. 이것을 보고, 사장은 방향성(벡터)의 잘못을 곧바로 깨달았다.

비슷한 사례로, 출판사가 '다코야키' 집을 운영하거나, 자

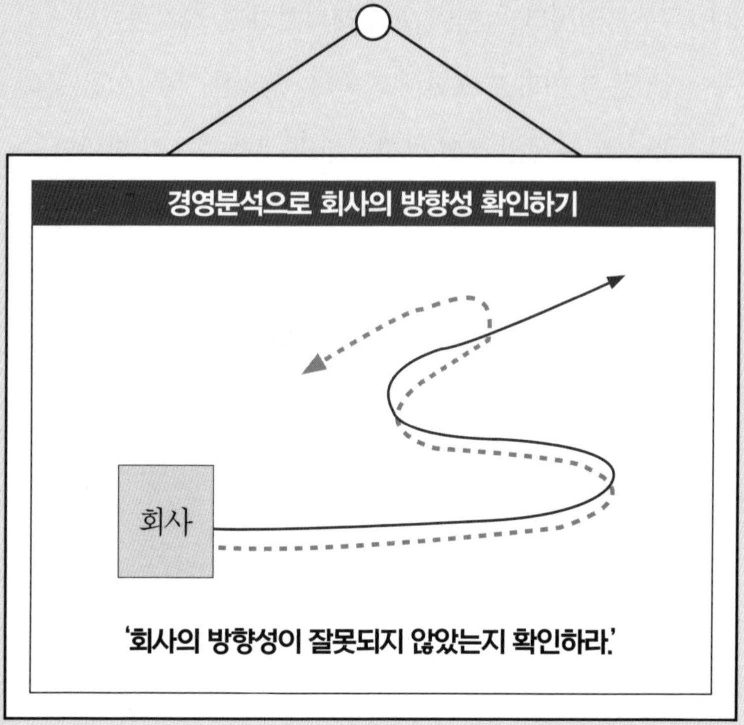

경영분석으로 회사의 방향성 확인하기
회사
'회사의 방향성이 잘못되지 않았는지 확인하라.'

동차 회사가 화장품을 만드는 경우가 있다. 이것은 극단적인 예이지만, 문외한이 봐도 방향성이 잘못되었다는 걸 한눈에 알 수 있다. 혹여 결과가 나쁘지 않더라도 경영분석을 통해 방향성을 재확인해봐야 한다.

이것은 주주만을 위한 것이 아니다. '주주에게 얼마나 배당을 해야 하는가'의 문제는 나중에 고려해도 충분하다. 배당이 좀 많다고 해서 회사가 망하는 일은 없기 때문이다.

그렇다면 경영분석은 누구를 위한 것일까. 첫째는 주주, 둘째는 사회, 셋째는 직원과 경영자를 위한 것이다.

회사 경영이 제대로 이루어지면 경영자와 직원은 보너스가 증가하고, 국가와 지방에는 세금을 많이 낼 수 있고, 상장회사의 경우에는 주가가 올라가고, 비상장회사의 경우에는 배당이 많아져 주주가 혜택을 받게 된다. 이때 사장은 '회사는 사회에 도움이 되는 존재'라는 생각을 몸소 실천해야 한다.

인적자원은 결산서만으로는 알 수 없다

과거 내가 근무했던 회사에서 미국의 적자회사를 인수한 사례가 있다. 왜 일부러 적자회사를 인수했냐 하면, 그 회사에 소속되어 있는 연구원들이 우수했기 때문이다. 다소의 적자 정도는 상쇄시킬 수 있을 만큼 매력적이었다. 좋은 제품을 만들지 못하면 아무리 영업력이 뛰어나더라도 매출 신장이 어렵다. 반면 우수한 연구진이 좋은 제품만 만들어준다면 회사의 영업 역량으로 충분히 판매할 수 있다.

하지만 이러한 배경을 알지 못하는 사람들은 '일부러 적자회사를 인수했다'고밖에 볼 수 없다. 경영을 제대로 알지 못하는 사람들이 사물의 표면밖에 보지 못하는 것과 같다.

이 회사를 소개해준 곳은 어느 유명한 투자리서치 회사로, 실제로 매수할 경우 1,500만 엔의 소개료를 지불해야 한다는 게 계약 조건이었다. 이 매수 계획은 내가 창구가 되었지만, 계약에 앞서 사장은 나에게 이렇게 말했다.

"이 회사의 연구원들은 대단한 가치가 있네. 따라서 소개료는 1,500만 엔으로 약속했지만, 3,000만 엔까지는 자네가 판단해서 지불해도 좋아. 그 대신 경영에는 일체 간섭하지 않도록 해야 하네."

사장이 3,000만 엔을 모두 사용해도 좋다고 했지만, 고심 끝에 2,000만 엔의 소개료를 지불했다. 투자리서치 회사 쪽에서는 우리가 약속한 금액을 깎을 거라고 예상했는지, 500만 엔을 올려준다고 하니 깜짝 놀라는 듯했다.

이 매수 작전은 회사를 매입한 것처럼 보이지만, 실질적으로는 우수한 연구진에게 계속 일할 수 있는 기회를 부여한 것이다. 그러나 사람은 회사의 대차대조표에 기재되지 않는다. 소나 말은 한 마리라도 고정자산으로 기재되는 데 반해 오히려 지적재산인 사람이 기재되지 않는다는 것은 참으로 아이러니하다.

어쨌든 우리는 '보이지 않는 자산'인 지적재산을 세상 사람들 모르게 매수했다. 매수가 끝나자 예상했던 대로, 투자리서치 회사가 우리가 매수한 회사의 경영 자문을 하고 싶다고 제의해왔다.

나는 사장과의 약속을 지키기 위해 단호하게 거절했다. 경

사람은 대차대조표에 기재되지 않는다

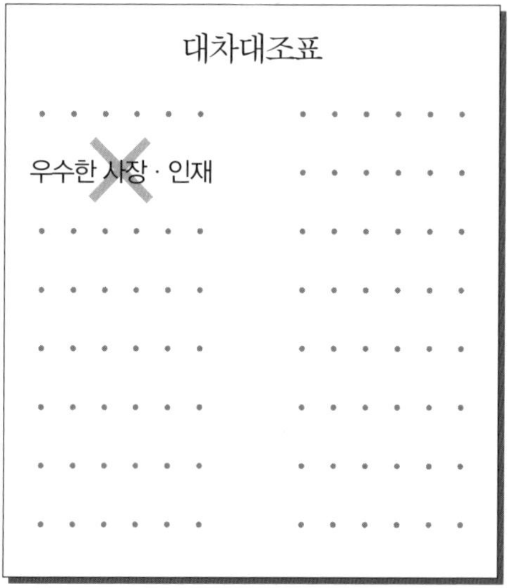

**'소나 말은 고정자산으로 기재되지만
사람은 기재되지 않는다.'**

영 역량이 부족한 회사로부터 자문을 받는다면 그 결과는 불보듯 빤하기 때문이다.

경영에 대해 가장 잘 알고 있는 것은, 실제로 경영을 하고 있는 사람뿐이다. 사장은 이렇게 되리라는 것을 사전에 정확하게 예측하고 있었다.

결산서를 분식하는 것은 자신을 속이는 일

경영자가 빠지기 쉬운 함정 가운데 하나가 분식결산이다. 사장이 주주나 세상을 향해 좀 더 멋진 모습을 보이고 싶다는 욕심이 분식결산을 만든다.

사장도 인간이고, 자신의 일을 소중하게 생각하기에 이러한 마음이 들 수 있다는 걸 아주 이해 못하는 건 아니다. 하지만 처음에는 소소하게 분식하던 것이 그다음부터는 자기도 모르게 커다란 분식으로 이어지는 경우가 다반사이기에 분식결산은 애초 시작해서는 안 된다.

결산서는 그 회사의 과거부터 현재까지의 모습을 나타내

는 것이다. 장래에 대한 부분도 더러 들어 있긴 하지만, ① 정확성, ② 신속성, ③ 성실성이라는 것을 전부 적용시켜보면 '정확한 것을 정확하게 제출한다' 이외의 방법은 없다.

문제가 되는 것은 상장회사도, 비상장회사도 주주와 은행에 회사의 재무 상태를 설명할 때다. 그러나 그 자리에서는 재무 비율에 관해 아무리 열심히 설명해도 소용없다. 회사의 성심성의의 원칙과 지금부터의 영업, 제조, 연구정책을 보증해야 하는 것이 결산서이기 때문에, 결산서에 기록된 내용이 나쁘다면 아무리 좋은 것을 이야기해도 신용을 얻지 못한다.

보증할 만한 기초가 있기 때문에, 자신들은 전향적으로 추진해왔다는 것을 열심히 설명하게 된다. 숫자의 앞뒤 조정이나 불분명한 조작에 대해서, 사장은 이 모든 일을 알기 위해 처음부터 애써 노력할 필요는 없다.

모든 사장은 회사 대표인 동시에 주주이자, 경영자이자, 직원이기 때문에 결산서를 분식한다는 것은 곧 자신을 기만하는 일이다. 처음부터 자신을 속인다면, 정상적인 회사 경영이 이루어질 수가 없다. 이는 곧 '자기기만'이다.

나는 분식 직전까지 간 경우는 몇 번 있지만, 실행은커녕 생각하지도 않았다. 세상에는 '허용할 수 있는 범위'라는 것이 존재하기 때문이다. 아무리 막다른 궁지에 몰려도 '법률 위반만은 하지 않겠다'는 원칙을 스스로 지켜왔다. 또한 난제에 봉착할 때는 공인회계사와 함께 풀어나갔다. 이 세상에는 회사를 위한답시고 법망을 빠져나가는 방법 등을 알려주는 회계사도 있다는데, 장기적인 안목으로 본다면 이런 행동은 회사를 위하는 일이 아니다.

생각해보면 공인회계사의 처지도 딱하다. 자신의 고객(Client)에게 보수를 받는 한편, 엄정한 잣대를 들이대는 일이 그들의 업무이기 때문이다. 이것은 윤리적으로 정리할 수 있는 간단한 문제가 아니다. '감사보수'와 '감사업무'와의 관계는 그 구조 자체가 커다란 모순이다.

나는 자본주의자이자 자유주의자로서, 이 커다란 모순이 하루빨리 보완되기를 바란다. 그렇지 않으면 언제 자본주의·자유주의가 붕괴할지도 모른다.

오늘도 나는 이런저런 생각으로 3평짜리 사무실에서 머리를 부여잡고 있다.

중앙경제평론사 Joongang Economy Publishing Co.
중앙생활사 | 중앙에듀북스 Joongang Life Publishing Co./Joongang Edubooks Publishing Co.

중앙경제평론사는 오늘보다 나은 내일을 창조한다는 신념 아래 설립된 경제 · 경영서 전문 출판사로서
성공을 꿈꾸는 직장인, 경영인에게 전문지식과 자기계발의 지혜를 주는 책을 발간하고 있습니다.

유능한 사장의 현장 회계 숫자 읽기

초판 1쇄 인쇄 | 2022년 1월 15일
초판 1쇄 발행 | 2022년 1월 20일

지은이 | 가네코 아키라(金児昭)
옮긴이 | 김종필(JongPil Kim)
펴낸이 | 최점옥(JeomOg Choi)
펴낸곳 | 중앙경제평론사(Joongang Economy Publishing Co.)

대　　표 | 김용주
기　　획 | 백재운
책임편집 | 손소전
본문디자인 | 박근영

출력 | 삼신문화　종이 | 한솔PNS　인쇄 | 삼신문화　제본 | 은정제책사

잘못된 책은 구입한 서점에서 교환해드립니다.
가격은 표지 뒷면에 있습니다.

ISBN 978-89-6054-290-7(03320)

원서명 | 「できる社長」だけが知っている数字の読み方

등록 | 1991년 4월 10일 제2-1153호
주소 | ㊕ 04590 서울시 중구 다산로20길 5(신당4동 340-128) 중앙빌딩
전화 | (02)2253-4463(代)　팩스 | (02)2253-7988
홈페이지 | www.japub.co.kr　블로그 | http://blog.naver.com/japub
페이스북 | https://www.facebook.com/japub.co.kr　이메일 | japub@naver.com
♣ 중앙경제평론사는 중앙생활사 · 중앙에듀북스와 자매회사입니다.